U0529272

本书是 2017 年度辽宁省社科基金规划项目"现代汉语致歉话语机制研究（L17BYY011）"的阶段性成果；沈阳师范大学博士科研启动基金项目"现代汉语致歉言语行为研究（BS201441）"的阶段性成果。

语用理论研究丛书

于全有◎主编

A STUDY OF THE SPEECH ACTS OF APOLOGY
IN MODERN CHINESE

现代汉语致歉言语行为研究

关英明◎著

中国社会科学出版社

图书在版编目(CIP)数据

现代汉语致歉言语行为研究／关英明著． —北京：中国社会科学出版社，2018.9

（语用理论研究丛书）

ISBN 978-7-5203-3629-1

Ⅰ.①现… Ⅱ.①关… Ⅲ.①现代汉语-言语行为-研究 Ⅳ.①H146.3

中国版本图书馆 CIP 数据核字(2018)第 260961 号

出 版 人	赵剑英
责任编辑	任　明
责任校对	季　静
责任印制	李寡寡

出　　版	中国社会科学出版社
社　　址	北京鼓楼西大街甲 158 号
邮　　编	100720
网　　址	http://www.csspw.cn
发 行 部	010-84083685
门 市 部	010-84029450
经　　销	新华书店及其他书店

印刷装订	北京君升印刷有限公司
版　　次	2018 年 9 月第 1 版
印　　次	2018 年 9 月第 1 次印刷

开　　本	710×1000　1/16
印　　张	10.75
插　　页	2
字　　数	180 千字
定　　价	75.00 元

凡购买中国社会科学出版社图书，如有质量问题请与本社营销中心联系调换
电话：010-84083683
版权所有　侵权必究

谨以此书献给

我深爱的、勤劳朴实的已故母亲、父亲！

前　言

中国有关语言问题的研究源远流长。中国古代"通经致用"思维方式下的传统语文学研究，很大程度上就是与语言自身及语言应用相关的研究。

以《马氏文通》的诞生为标志而迈入现代语言学阶段后的中国语言学研究，尽管我们在以具体的语言事实研究为代表的相关语言问题的研究上取得了相当的实绩，但在传统思维方式及现代语言学之父索绪尔"为语言而研究语言"等思想的多重影响下，我们的语言研究的重心，很大程度上仍聚集在对语言结构自身的研究上，以及部分相关内容的应用研究上。有关语言问题的理论研究，包括在一般语言事实研究的基础上而来的有关语言应用方面的基础理论研究、有关人类一般语言学方面的基础理论研究等，一直没有得到应有的重视（我们无意否定中国语言学已有的成就与价值）。只要看一看世界语言学发展史上到底有多少相关理论真正带有中国语言学的影响与标志、看一看时下各类相关科研项目的课题指南及相关的各种评选项目中到底有多少真正是语言理论方面的东西，任何一个真正有责任感的语言学中人，恐怕都不难会做出自己的判断的。个中原因，多半与中国语言学研究长期以来一直存在而又一直没有真正地从根本上得到改观的重事实、轻理论，不甚重视语言的基础理论研究，不甚重视对语言自身及语言应用的一般事实的理论发掘与提升，有很大的关系。

我们没有理由妄自菲薄，我们更没有理由妄自尊大，我们需要有正视问题的勇气与自知之明。今日中国语言学的健康发展，不仅需要我们加强对语言自身及语言应用问题的研究，而且也需要我们加强对语言问题的基础理论研究。同时，今日中国语言学的健康发展，在呼唤着我们对此须在思想认识上有一份理性的清醒，在实践行动上多一份理性的追求。

语言本是人类实践活动音义结合的表现符号（其中，"表"是表达，

"现"是呈现），人类的社会实践活动是语言发展的基石与底座。若按现今一般的语言理论中的一些相关表述，通常是"语言是人类最重要的交际工具""语言是社会发展的产物""语言随着社会的发展而发展"等。面对今日随着社会的飞速发展而带来的日新月异、纷繁复杂的各种社会语言现象及其带来的相关问题，一方面，社会语言实践自然会产生必要的相关方面的理性指导的社会需要，另一方面，适时加强相关方面的基础理论研究以满足社会发展的实际需要，也是一个真正的语言文字工作者不可推卸的社会责任与社会担当。而社会发展的需要及满足社会发展的需要，则恰恰又是推动学术研究发展与进步的基本条件。

有鉴于此，沈阳师范大学语言学及应用语言学学科的诸位同仁在相关部门领导的关心、支持下，自发组织、行动起来，针对现今的社会语言发展状况、相关方面的研究状况与社会需求的现实及自身的特点，有针对性地展开系列的有关语言应用规律的基础理论研究。首批推出的由沈阳师范大学学术文库资助出版的"语用理论研究丛书"，计有学术专著五种，分别由国内名校相关专业博士研究生毕业、具有良好的相关学术研究基础、从事相关方面研究生教学工作的一线教师担纲，内容涉及到社会语言的认知、交往、城市化、规范化等诸多方面，以期为相关领域语言研究的发展进步，为学科发展的光明未来，尽绵薄之力。

海德格尔曾经说过：未来并不是自身来到我们身边的，仅当我们有能力追随传统，肩负起未来对我们的规定时，未来才来到我们身旁。作为本丛书的组织者，我希望能以之与诸位同仁共勉，并诚挚地希望诸位同仁能够以自己的努力，真正地"肩负起未来对我们的规定"。

于全有

2017年6月1日于沈阳类庐

序

  英明的《现代汉语致歉言语行为研究》将要出版，这是应该高兴的事。作为年轻的教师，肯在学术上投入精力，实在是难能可贵。

  这本《现代汉语致歉言语行为研究》，解释了日常人们交际中习以为常的"致歉"行为，看似平常——因为它经常被人提到，但又不平常——因为很少有人认真做过整体、系统的阐释。本书从言语行为立场出发，对"表达"言语行为中的"致歉"首次做了整体、系统的理论化解释，尝试解决"致歉"以下五方面的问题：

  1. 尝试在致歉事件的整体框架下、因果关系中解读致歉言语行为及其实现过程。

  2. 尝试解析致歉意图的形成和实现。致歉意图的落实过程即是致歉言语行为"质"的实现过程；致歉程度量的落实过程即是致歉言语行为"量"的实现过程。在"质"、"量"的实现过程中，都要把握好"度"："质"的量度不够，或者是过了，就可能成为其他言语行为；"量"的量度不够，或者是超高了，就会语用效果不理想，或者就会"过犹不及"，产生其他的不期效果。最理想的状态是"致歉度稍大于或等于冒犯度"，这样能实现"致歉效益的最大化"：致歉方用尽量合理的"面子"付出和言语努力成功实现致歉意图和表达致歉度；受歉方用尽量少的努力识别到致歉方的真心（致歉意图）和诚意（致歉度），来共同完成一次有效、成功的致歉言语行为。

  3. 尝试解析致歉度的衡量和实现。致歉度是致歉方在致歉言语行为中表达出的歉意程度。致歉度对于致歉方和受歉方都是非常重要的因素：对于致歉方，致歉度的恰当把握可以避免其无谓损失过多的"面子"，同时，可以实现成功、得体的致歉。对于受歉方，因为遭受了某种程度的冒犯，他（她）对致歉方的致歉度是有所期待的，只有达到或超过他（她）

的期待，受歉方才能真正谅解致歉方。致歉度与冒犯行为产生的冒犯度密切相关。致歉度的实现主要是依靠数量象似性原则的指导，采取语言方式中的词语、句法、重叠、策略等和非语言方式中的表情、动作等手段。

4. 尝试解析制约致歉实施的因素。除了讨论交际主体个人因素及其差别、语境因素外，还着力论述了冒犯行为因素和致歉方对致歉言语行为的态度因素。我们认为冒犯行为是致歉言语行为最重要的制约因素，它既影响其发生的可能性，也制约其发生的方式。致歉方对致歉言语行为的态度主要影响该行为发生的可能性。

5. 尝试总结致歉策略。依据对1000多个致歉语例的分析、研究，抽象、概括出致歉言语行为的六种表达策略：陈述冒犯事实、解释冒犯原因、表达歉疚情感、提出补偿措施、保证改过自新、请求对方谅解。这六种策略可分为基本策略和辅助策略：基本策略包括陈述冒犯事实、表达歉疚情感、请求对方谅解；辅助策略包括解释冒犯原因、提出补偿措施、保证改过自新。这些策略精简或完善了以往研究的策略类别结果，便于指导人们实施致歉言语行为。

汉语语用学研究到今天，虽然取得了很大的成就，但缺陷也是不容忽视的，这些缺陷主要表现在借鉴国外理论、围绕这些理论的研究多，面向汉语问题的少。学术的进步需要从问题出发，而不是理论。本书的意图很明确，面向汉语的问题做自己的理论阐释。不管这些阐释是否完善，但探索的精神是可取的。

语言具有普遍性，不过其普遍性当然蕴含于语言的个性之中。汉语的研究，固然可以借鉴基于不同语言的理论，但更需要基于汉语的理论解释。相信英明能够以《现代汉语致歉言语行为研究》为起点，坚持下去，走出自己的路。

吕明臣

2018年6月8日

摘　　要

致歉言语行为属于塞尔言语行为理论分类中的表达类，是我们日常交际中的礼貌言语行为之一，是我国《民法通则》中规定的民事责任的一种，可见，它是一种非常重要的语言现象。以往对致歉言语行为的研究大都是在某些方面、某个片段上的研究，本书尝试在致歉事件的整体框架下对其展开研究，解读致歉言语行为的实现过程，以期获得对现代汉语致歉言语行为的全面、深刻认知。

我们对致歉言语行为的基本情况进行梳理、明确。重新定义致歉言语行为是"在交际主体A、B之间，A由于冒犯、歉疚等原因而引发的，向B表达歉意的补偿性言语行为，进而恢复A与B之间的人际关系和谐（A是致歉方，B是受歉方）"。定义中强调了行为的起因和结果。致歉言语行为的性质是引发性和补偿性，它的产生是有原因的，是冒犯行为引起的、歉疚心理触发的；它的实施是以补偿为结果，补偿可分为两种情况：抵消损失、消耗和补足缺欠、差额。致歉言语行为在具体实施过程中体现着弥补受歉方的补偿需要，平复致歉方的不安心理，修复双方的人际关系三种功能。其中，弥补受歉方的补偿需要和平复致歉方的不安心理是直接功能，修复双方的人际关系是间接功能。依据直接功能的分布情况，我们将致歉言语行为分为利人致歉言语行为，利己致歉言语行为，双赢致歉言语行为，虚拟致歉言语行为四类，相对于虚拟致歉言语行为，前三类可称为真实致歉言语行为，本书重点关注真实致歉言语行为。

致歉言语行为的结构包括致歉主体、致歉意图、致歉形式等成分，致歉主体是致歉言语行为的实施者和接受者，分别是致歉方和受歉方。首先，致歉主体是社会主体，具有社会角色，社会角色是相对固定的。其次，致歉主体是交际主体，具有交际角色，交际角色是临时的。致歉方和受歉方都是临时的交际角色，他们的致歉言语行为受其固有的社会角色因素的影响。此外，致歉方是由冒犯方转换交际角色而来的，受歉方是由被冒犯方转换交际角色而来的。致歉意图是致歉言语行为的核心，是致歉言语行为的出发点和回归点。致歉意图的实现与否是评价致歉言语行为成功与否的最重要的标准。致歉意图是致歉方真诚实施致歉言语行为的内在动机，我们通过问卷调查得知致歉意图的成因主要源于造成冒犯事实、致歉方感到内心歉疚、考虑受歉方感受、维护双方人际关系和谐、遵守社会规范制约五个方面。其中，冒犯行为的发生是促使致歉方产生致歉意图的最重要、最核心的成因。认定冒犯行为有两条标准：一是从被冒犯者的角度来认定，这是最重要的标准，被冒犯者的感受对于某个具体行为是否构成冒犯起着决定性作用。二是从冒犯者的角度来认定，这是辅助的标准。被冒犯者和冒犯者判断冒犯行为的标准主要源于对所在社会群体道德行为准则的习得、认可和个人生活、成长的特殊经历的感触。虽然双方的认定标准来源渠道是一样的，但是由于每个主体对所在社会群体道德、行为准则的习得、认可具体情况不同以及个人生活、成长的特殊经历不同，所以，他们所把握的具体标准之间一定存在差异。致歉意图的结构是：致歉[X]。这个图式表示：致歉方有关于"X"的致歉意向，"X"是致歉意向内容。致歉意图作为一个整体，致歉意向及意向内容都是存在的，但在具体的致歉言语表达上，如何选择表现致歉意图结构的语言具有一定差别。致歉意图主要使用致歉标志语标识。致歉言语行为的实施表现为语言形式和与其相伴随的非语言形式。

　　致歉言语行为的语言形式主要表现为标识致歉意图的语言形式、标识致歉主体的语言形式以及标识致歉度的语言形式。致歉意图必须在致歉事件框架内实现，其实现的过程，也是致歉言语行为意义的建构过程。致歉标志语包括施为动词和人们习以为常的惯用语，如赔罪、道歉、对不起、抱歉、不好意思等，它们在句法、语义和语用上都有各自的特点。称谓语一般位于话首，是致歉方对自己及对方交际角色的定位，恰当使用称谓语能营造较好的致歉氛围，收获理想的言后效果。对受歉方的称谓主要表现在亲属称谓、社会称谓、姓名称谓和指代称谓四大系统中的礼貌称谓上。致歉方的自称主要表现为贬损的自我指称、正常的自我指称、模糊的自我指称。

　　致歉度是致歉方在致歉言语行为中表达出的歉意程度。致歉度对于致歉方和受歉方都是非常重要的因素。对于致歉方，致歉度的恰当把握可以避免其无谓损失过多的"面子",同时,可以实现成功、得体地致歉。对于受歉方,因为遭受了某种程度的冒犯,他(她)对致歉方的致歉度是有所期待的,只有达到或超过他(她)的期待,受歉方才能真正谅解致歉方。但致歉度如果过高于冒犯度,受歉方又会质疑致歉方的交际意图。致歉度与冒犯行为产生的冒犯度密切相关。致歉度的实现主要是依靠数量象似性原则的指导,采取语言方式中词语、句法、重叠、策略等手段和非语言方式中表情、动作等手段。

致歉言语行为的实施将受到冒犯行为因素、致歉方对致歉言语行为的态度、交际主体个人因素及其差别、语境因素等的影响。我们认为冒犯行为是致歉言语行为最重要的制约因素,它既影响其发生的可能性,也制约其发生的方式。致歉方对致歉言语行为的态度主要影响该行为发生的可能性。致歉方对交际主体个人因素及其差别和语境因素的推测、评估主要制约致歉言语行为发生的方式。致歉意图的落实和理解都离不开主体及其自身认知状况的参与。主体的地位、性别、年龄、职业、性格、情绪等以及主体间的社会距离、权势关系、性别差别、年龄差距等,这些因素都或多或少地影响致歉方话语形式的选择。语境是语言交际时的时空环境,是非常重要的语用因素,能对表达不充分的话语做出意义补充,影响致歉方语用策略和话语形式的选择。语境包括交际情境、交际背景和交际方式。

我们依据对 1000 多个致歉语例的分析、研究,抽象、概括出致歉言语行为的六大类策略:陈述冒犯事实、解释冒犯原因、表达歉疚情感、提出补偿措施、保证改过自新、请求对方谅解。

最后,我们探讨了指导致歉方顺利获得致歉言语行为成功的语用原则:真诚性原则、礼貌性原则、适宜性原则和关联性原则。

Abstract

The speech act in modern Chinese apology belongs to the expression category of Searle speech act theory, which is one of our daily communication polite speech acts and one of civil liability in Chinese civil law, visible, it is a very important language phenomenon. Previous research on apology speech acts were mostly in certain aspects and clips, this text attempts to research under the overall framework of apology event, interpret the realization process of apology speech act in order to obtain comprehensive and profound cognition of modern Chinese apology speech act.

First, we need to clear and sort out the basic situation of apology speech act. Redefine apology speech acts are "Communication between A and B, A due to offend , guilt caused by other reasons, apologize to B compensatory speech acts, in order to restore interpersonal harmony between A and B (A is apologize side , B is affected apologize side) ". Definition emphasizes the causes and consequences of behavior. Speech act of apology and compensatory nature is triggered, it generates for a reason, offensive behavior is caused by psychological trigger guilt; Its implementation is based on compensation, the compensation can be divided into two cases: offset losses, consumption and make up the shortcomings and the differences. Speech act of apology reflects the compensation requires of apology side in specific implementation process, calm down anxiety of apology side and repairs the relationships between both sides. Among them, the compensation requires of apology side and calm down anxiety of apology side are direct functions, repair the relationships are indirect function. Based on the distribution of direct function, we divide the apology speech act into four virtual apology speech act, altruistic behavior, self-serving apology speech act, win apology speech acts, relative to virtual apology speech acts, the first three can be called real apology speech act, and this article focuses on real apology speech act.

The structure of apologize apology speech act includes main body, the intention of an apology, the way of an apology and so on. The main body of apology is an apology speech act of the perpetrators and receiver respectively is an Apology party and apology receiver. First of all, the subject is the social main body; the main body of apology has the social role which is relatively fixed. Secondly, the main body of apology is communication subject, the main body of apology has communication role which is temporary. The Apology party and the apology receiver are temporary communicative roles; their apology speech act is influenced by its inherent social role factors. In addition, the apology party originates in offending party that transforms communication role; apology receiver originates in the offended party that transforms communication role. Apology intention is the core of apology speech act; apology speech act is the starting point and the point of the returning. Apologize for the realization of the intention or not is the most important standard. Apology intention carrying out apology speech act is an apology sincerely of intrinsic motivation, through the questionnaire we know apology intentions causes stems mainly from offending fact, the guilt of apology party, considering apology receiver's heart feeling, maintaining the harmonious of the interpersonal relationship and social rules and so on five aspects. Among them, the occurrence of offense is prompt apology attempt of the cause of the most important and core. Recognizing offense has two standards: one is from the Angle of the offender to recognize, this is the most important standard. The feelings for the offended play a decisive role in defining whether a particular act constitutes offensive. Second, it can be identified from the perspective of the offender, which is a secondary standard. The offended and the offender judge offensive behavior mainly on the acquisition of the ethical conduct of social groups, recognition feelings, personal life and special experiences during growing up. Although the sources of that standard of both sides are the same, the specific standards they hold varies, resulting from the differences where each body learn moral codes of social groups and behavior standards, recognition of different circumstances, personal life and special growing-up experiences. The structure of apology intention is: apology [X], which indicates the apology intention made by apology party on X, the content of the apology. As a whole part, the intention and content of apology both do exist. However, in the specific verbal expression of apology, it differs in the language chosen to express the structure of apology intention. Apology intention mainly uses apology signs. The implementation of speech act of apology lies in linguistic form and accompanied by nonverbal form.

The language form of speech act of apology mainly performs as the language form of identifying the apology intention, the language form of identifying the apology subject and the language form of identifying the apology degree. Apology intention must be realized within the framework of the event, and the process of its implementation is also the process to construct the significance of apology. Apology signs include per formative verbs and idioms people are accustomed to, such as to, apologize, sorry, feel shy and so on. They all have their own characteristics in syntactic, semantic and pragmatic. The appellation is generally located in the beginning of sentences and is the position of the apology party apologizing to your own and the other communicative role. The appropriate use of appellations can create the better apology atmosphere, reaching the ideal perlocutionary effect. The appellation of the people who receives the apology mainly manifests in the kinship appellation, social appellation, name appellation and courtesy appellation which is one of the four big pronominal appellation systems. Self reference mainly performs depreciation of, normal self referential, normal self referential, fuzzy self referential.

Apology degree is the degree of one party expressed in the speech act of apology. Apology degree is important to both apology party and the apology party. For the apology party, the appropriate of apology is helpful to avoid the loss of too much "face". And at the same time, it can achieve successful and graceful apology. For the apology party, because suffering from some degree of offense, he or she is expected to receive the apology, only the apology can meet the expectation from him or her, the person who receive the apology can forgive the apology party. If the apology is much higher than offence degree, the apology receiver will question the communicative intention. The apology and offensive behavior is closely related to the degree of the offence. The apology degree is mainly depend on the quantity iconicity principles, take the language syntax, words, overlapping, strategy and non language expressions, means in action.

The implementation ofthe apology speech behavior will be effected by the offensive behavior factors, the apology party attitude of apology speech behavior, the personal factors and its differences of communicative subject, and the context factor etc. We believe that the offensive behavior is the most important factor in the apology speech behavior; it not only affects the likelihood of their occurrence, but also restricts the way of occurrence. The apology party attitude of apology speech behavior mainly affects the likelihood of behavior occurrence. The speculation and the evaluation about the personal factors of communicative subject and the contextual factors made by the apology party attitude mainly restrict the way of the apology speech behavior occurrence. The implementation of the apology intention and the understanding cannot do without the subject and its own cognition participation. The subject status, gender, age, occupation, character, emotion, as well as the intersubjective social distance, power relations, gender differences, age difference, etc., all these factors have more or less impact on the choice of speech form of the apology party attitude. The context is the time-space environment of language communication and very important pragmatic factor, and it can make fully significance supplement on the inadequate expression of speech, affecting the pragmatic strategies and the choice of the speech form. The context includes the communicative context, communicative background and communicative way.

Based on the study and research of more than 1000 apologies cases, six kinds of expressions of the speech act of Apology have been summarized: Statement of fact, explain offend reasons, expression of guilt emotion, puts forward compensation measures, ensure to start with a clean slate, request others to forgive.

At last, the pragmatic principles, which are used to give someguidance to apology party to get the successful apology speech act. That is sincerity principle, polite principle, appropriate principle and relevant principle.

目 录

绪 论 ……………………………………………………………… (1)
   一 研究对象和意义 …………………………………………… (1)
   二 致歉言语行为研究综述 …………………………………… (2)
   三 解决的问题 ………………………………………………… (16)
   四 研究方法与语料来源 ……………………………………… (17)

第一章 致歉言语行为概述 ……………………………………… (19)
  第一节 致歉言语行为的内涵 ………………………………… (19)
     一 致歉言语行为和致歉行为的关系 ……………………… (19)
     二 致歉言语行为和致歉语言的关系 ……………………… (20)
  第二节 致歉言语行为的性质 ………………………………… (21)
     一 引发行为 ………………………………………………… (21)
     二 补偿行为 ………………………………………………… (22)
  第三节 致歉言语行为的功能 ………………………………… (23)
     一 弥补受歉方的补偿需要 ………………………………… (23)
     二 平复致歉方的不安心理 ………………………………… (23)
     三 修复双方的人际关系 …………………………………… (24)
  第四节 致歉言语行为的类型 ………………………………… (24)
     一 利人致歉言语行为 ……………………………………… (24)
     二 利己致歉言语行为 ……………………………………… (26)
     三 双赢致歉言语行为 ……………………………………… (28)
     四 虚拟致歉言语行为 ……………………………………… (29)

第二章 致歉言语行为的行为结构 ……………………………… (32)
  第一节 致歉主体 ……………………………………………… (33)

一　致歉方 …………………………………………………（34）
　　二　受歉方 …………………………………………………（35）
第二节　致歉意图 ………………………………………………（35）
　　一　致歉意图的产生 ………………………………………（35）
　　二　致歉意图的结构 ………………………………………（40）
　　三　致歉意向的标志语 ……………………………………（41）
　　四　"对不起"的语用辨析 …………………………………（45）
第三节　致歉形式 ………………………………………………（53）
　　一　语言形式 ………………………………………………（53）
　　二　非语言形式 ……………………………………………（54）

第三章　致歉言语行为的语言形式 ……………………………（57）
第一节　致歉意图的实现 ………………………………………（57）
　　一　行为结构中元素的隐现规律 …………………………（57）
　　二　行为结构中元素的语序情况 …………………………（61）
　　三　致歉标志语的句法表现及差别 ………………………（63）
　　四　致歉标志语的语用差异 ………………………………（71）
第二节　致歉主体的标识 ………………………………………（73）
　　一　对受歉方的称谓 ………………………………………（74）
　　二　致歉方的自称 …………………………………………（75）

第四章　致歉言语行为的致歉度 ………………………………（77）
第一节　冒犯度的评估 …………………………………………（78）
第二节　致歉度的实现 …………………………………………（80）
　　一　语言方式 ………………………………………………（80）
　　二　非语言方式 ……………………………………………（83）
　　三　复合方式 ………………………………………………（83）

第五章　致歉言语行为的制约因素 ……………………………（85）
第一节　冒犯行为因素 …………………………………………（85）
第二节　致歉方对致歉言语行为的态度 ………………………（86）
　　一　调查问题和结果 ………………………………………（87）
　　二　调查结果分析 …………………………………………（90）
　　三　由调查结果分析受到的启示 …………………………（93）
第三节　交际主体个人因素及其差别 …………………………（95）

一　主体间的社会距离 …………………………………………（95）
　　　二　主体的地位及其差距 ………………………………………（98）
　　　三　主体的性别及其差别 ………………………………………（100）
　　　四　主体的年龄及其差距 ………………………………………（101）
　　　五　主体的职业、性格及情绪 …………………………………（102）
　　第四节　语境因素 ……………………………………………………（103）
　　　一　交际情境 ……………………………………………………（103）
　　　二　交际背景 ……………………………………………………（107）
　　　三　交际方式 ……………………………………………………（108）
第六章　致歉言语行为的策略 ………………………………………（110）
　　第一节　直接致歉策略 ………………………………………………（110）
　　　一　认可责任 ……………………………………………………（110）
　　　二　直接表达歉意 ………………………………………………（111）
　　　三　表达悔恨和痛苦 ……………………………………………（111）
　　第二节　间接致歉策略 ………………………………………………（112）
　　　一　陈述冒犯事实 ………………………………………………（112）
　　　二　解释冒犯原因 ………………………………………………（113）
　　　三　提出补偿措施 ………………………………………………（115）
　　　四　保证改过自新 ………………………………………………（118）
　　　五　请求对方谅解 ………………………………………………（118）
　　第三节　关于受歉方对致歉期望的问卷调查和分析 ………………（121）
　　　一　调查问题和结果 ……………………………………………（121）
　　　二　调查结果分析 ………………………………………………（123）
　　　三　由调查结果分析受到的启示 ………………………………（124）
　　第四节　关于受歉方不满意的致歉的问卷调查和分析 ……………（124）
　　　一　调查问题和结果 ……………………………………………（125）
　　　二　调查结果分析 ………………………………………………（126）
　　　三　由调查结果分析受到的启示 ………………………………（128）
第七章　致歉言语行为的语用原则 …………………………………（129）
　　第一节　真诚性原则 …………………………………………………（129）
　　第二节　礼貌性原则 …………………………………………………（130）
　　第三节　适宜性原则 …………………………………………………（131）

第四节　关联性原则 …………………………………………（132）
第八章　研究结论及不足 …………………………………………（134）
　　第一节　研究结论 ……………………………………………（134）
　　第二节　研究不足 ……………………………………………（135）
附　　录 ……………………………………………………………（136）
参考文献 ……………………………………………………………（144）
后　　记 ……………………………………………………………（152）

绪　论

一　研究对象和意义

（一）研究对象

本书的研究对象是现代汉语致歉言语行为。首先，本书认为致歉和道歉在对言语行为的指称内容上是相同的，只不过它们在语体色彩上有差别，鉴于"致歉"的书面语色彩更强，所以选用"致歉"指称相应的言语行为。其次，研究对象有时间范围上的限制，是现代的。我们按照中国历史分期的惯常理解，认为"现代"是指五四运动到现在的时期。再次，研究对象有空间范围上的限制，是汉民族社会文化为主流的区域，在汉文化熏陶下成长起来的人们实施的致歉言语行为。最后，研究对象有语言地位上的限制，是汉语共同语的，由方言、土语等表达的致歉言语行为不是本书的研究对象。

（二）研究意义

本书的研究既有理论意义，又有实践意义。理论意义表现在：第一，语言，人类之独有，礼貌语言，社会之需要，致歉语言是礼貌语言之一。通过深化对致歉言语行为的认识，我们同样能够加深对礼貌言语行为的认识。第二，致歉言语行为属于塞尔言语行为理论分类中的表达类，学术界对表达类言语行为的全面研究较少。通过对致歉言语行为的系统研究，可以管窥表达类言语行为，研究成果作为一个积累，日后再与其他表达类言语行为研究成果对比、概括，可以推进对表达类言语行为的认知。第三，致歉言语行为是言语行为中非常重要的一种，我国的《民法通则》中，第134条第1款第10项将"赔礼道歉"规定为民事责任的一种。可见，人们已经非常重视这个言语行为，是我们生活中不可或缺的言语行为。第四，以往对致歉言语行为的研究大都是在某些方面、某个片段上的研究，本书尝试从致歉事件的起因到结果的整体研究。第五，本书计划以收集到的大量现代汉语致歉语料为基础，以期归纳、分析出现代汉语致歉言语行为的性质、功能、类型、结构、完形等，解析致歉言语行为的语言表达形式和制约因素，明确大众对致歉言语行为的认知心理，尝试解读致歉言语行为的实现过程，继而获得对现代汉语致歉言语行为的全面、深刻认知。

实践意义表现在：第一，通过端正对现代汉语致歉言语行为的认知，克服中国人爱面子、羞于致歉的心理，可以帮助人们乐于实施致歉言语行为，促进人际关系和谐，进而实现社会和谐。第二，通过揭示现代汉语致歉言语行为的完形模式、表达方式、制约因素等，可以帮助人们易于实施致歉言语行为。第三，通过解析冒犯度与致歉度及它们之间的因果关系，可以帮助人们善于实施致歉言语行为，取得预期的言语效果。第四，本书的研究成果可以为对外汉语致歉言语行为的教学实践提供一定的借鉴和帮助。

二 致歉言语行为研究综述

（一）国外研究综述

近50多年来，国外有不少学者从不同角度对致歉言语行为作过研究，研究方法不断更新，如定性与定量研究、田野调查、问卷调查、语篇补全测试、语篇分析、访谈、角色扮演及语料库等，研究结论更加深入、科学。

从收集到的文献可知，奥斯汀（John Austin）在他的《哲学文集》（1961）一书中首先对致歉言语行为作了思考和认识，次年在他的言语行为理论中作了深入研究。后来，有戈夫曼（Erving Goffman）、塞尔（John Searle）、弗里泽（Bruce Fraser）、利奇（Geoffrey Leech）、奥施坦与科恩（Elite Olshtain & Andrew Cohen）、布朗和莱文森（Penelope Brown & Stephen Levinson）、霍尔姆斯（Janet Holmes）等众多学者在语用学、社会语言学、跨文化语言学等领域开展了对致歉言语行为的进一步研究。具体情况如下。

1. 致歉的语用学研究

（1）致歉的言语行为研究。言语行为理论（Speech Act Theory）属于语言哲学中的日常语言学派（ordinary language philosophy）的研究内容，是由日常语言哲学家奥斯汀（John Austin）提出的。日常语言学派摆脱了对语言学的逻辑语义研究，注重研究日常生活中语言的实际使用状态，认为符合一定"合适条件"（felicity condition）的言语就会行使一定的言语行为。语言的基本单位不是句子而是行为。

奥斯汀（John Austin）在《哲学文集》（1961）一书中区分了借口（excuse）、辩解（justification）与道歉（apology）的异同，认为借口与辩解都属于解释，解释是社会人对不曾预料到的行为所做出的陈述，借口是对责任的否认，从而摆脱指责，而道歉则是指既接受责任又承认错误。在他的《如何以言行事》（1962）一书中提出言语行为理论。他区分了两大类话语：言有所述（constative）和言有所为（performative），并认为一个人在说话的时候同时实施了三种行为：言内行为（locutionary act）、言外行为（illocutionary act）和言后行为（perlocutionary act）。奥斯汀对言语行为做出五种分类：裁决型（verdictives）、行使型（exercitives）、承诺型（commissives）、行为型（behabitives）、阐述型（expositives）。按照他的划分方式，致歉属于行为型言语行为，用于表明说话人所采取的态度。

塞尔（John Searle，1979）在奥斯汀研究的基础上找出了区分不同言语行为的12个侧面，其中最重要的包括：言外之的（illocutionary point）、适从向（direction offit）和所表达的心理状态（expressed psychologicalstate）。塞尔以此为切入点，将言语行为也分为五大类：阐述类（representatives）、指令类（directives）、承诺类（commissives）、表达类（expressives）、宣告类（declarations）。他将致歉归入表达类言语行为，是对命题中所表明的某种事态表达说话人的某种心理状态。这一类言外行为没有适从向，说话人既不想通过说话来引起客观世界的改变，也不需使自己的话语符合客观现实，命题内容的真实性是实施这类言语行为的前提。

戈夫曼（1971）将致歉定义为一种弥补性的行为，这一行为的产生源于说话者对听话者的冒犯。弗里泽（1981）认为致歉要有"我为……道歉"（I apologize for...）言内行为，并指出只有在两种基本条件成立时，致歉才有可能发生：第一，说话者对自己的举止行为承认负有责任。第二，由于说话者自己的举止行为产生了冒犯对方的后果，说话者因此传递出某种遗憾的信息。利奇（1983）认为致歉属于和谐类[①]的言语行为，受歉方是受益者，致歉的言外之的和礼貌是一致的，它们之间的关系是和

[①] 利奇根据语言的言外功能及其达到维持良好的人际关系这一社会目标之间的相互关系，将言语行为分为四类：竞争类、和谐类、合作类和冲突类。

谐的。奥施坦与科恩（1983）认为致歉是一种"言语行为集合"（speech-act set），是由使用致歉词语、解释情况、提供补偿等策略分别或组合在一起实施的。奥施坦（1989）总结道歉的目的在于支持受实质或潜在的冒犯行为不良影响的听话人。她将承认有过失和负有责任视为致歉的主要组成部分，并且增加了自我羞辱（self-humiliation）这一成分。

霍尔姆斯（Janet Holmes，1990）将致歉定义为这样一种言语行为：当A冒犯了B，道歉可以被用来维护B的面子，并且弥补A冒犯应该承担责任的后果，进而恢复A与B之间的和谐（A是道歉者，B是被冒犯者）。并认为"道歉是一项针对被冒犯者面子需要的言语行为，目的在于补救一项需道歉者承担责任的冒犯行为，从而恢复道歉者与受歉者之间的平衡"。法索尔德（Ralph Fasold，1990）也提到致歉的合适条件：说话人对其正在致歉的行为负有责任；说话人对该行为表示遗憾；该行为对听话人造成伤害。他认为人们在致歉时更多使用第二个条件，是因为这样可以避免提到责任或是冒犯本身而仅牵扯到说话人，并且它所传达的信息是模糊的。人们倾向用第一个条件间接致歉，而避免使用第三个条件，因为那样只会加剧已经造成的伤害。

（2）致歉的礼貌研究。利奇（1983）结合格赖斯（Paul Grice）的"合作原则"（Cooperative Principle）与交际双方的"惠"（Benefit）、"损"（Cost）程度，提出了"礼貌原则"（Politeness Principle）。认为说话人说话时往往都尽量多给别人一点方便，让自己吃一点亏，在交际中使对方感到受尊重，从而获得对方对自己的好感。利奇指出，礼貌行为既是一种非对称的行为，又是一种对称的行为。非对称，因为对受话者或第三者礼貌，就意味着对说话者不礼貌；反之亦然。对称，因为人们希望保持言语行为与心理上的平衡。致歉要遵循礼貌原则，是使听话人受益，说话人受损，从而达到损益平衡的言语行为。利奇认为致歉可以看作用来恢复交际双方对称关系的手段，或者至少是减少交际双方不对称的手段。致歉是一种消极礼貌，是说话人冒犯听话人之后重建和谐的尝试。

布朗和莱文森（Penelope Brown & Stephen Levinson，1987）认为礼貌就是"典型人"（Model Person）为满足"面子"（face）需求所采取的各种理性行为。他们的礼貌概念是策略性的，即通过采取语言策略达到给交际双方都留点面子的目的。布朗和莱文森的礼貌理论通常被称为"面子保全论"（Face-saving Theory）。典型人所具有的面子是社会成员所想要的"个人形象"（self-image），它分为"消极面子"（negative face），即不希望自己的行为受到别人的干涉和阻碍，和"积极面子"（positive face），即希望获得别人的赞同和喜爱。许多言语行为本质上是"威胁面子"（face-threatening）的，致歉即是一种威胁说话人积极面子的言语行为。当说话人意识到威胁了听话人的消极面子，就需要采取致歉这种消极礼貌策略来减轻对听话人面子的威胁，维护对方的面子以恢复两人之间的关系。面子威胁行为的大小与社会距离（social distance）、权势（power）与不同文化中言语行为本身所固有的强加的绝对级别（absolute ranking of imposition）相关。

霍尔姆斯（Janet Holmes，1990）认为致歉不但是支持面子的行为，而且是传达情感意义的社会行为，进而从功能上把致歉定义为 A 为了弥补自己的冒犯行为，向 B 致歉，以挽回 B 的面子，从而恢复 A 与 B 的平衡的言语行为。乔斯勃格（Anna Trosborg，1995）则认为致歉就是要恢复社会和谐，并且要维护面子，采取保护取向（protective orientation）是要维护听话者的面子，采取防御取向（defensive orientation）是要维护说话者自己的面子，因此就会有不同的策略。

梅尔（A. Meier，1995）以为礼貌并不依赖于"面子威胁行为"（FTA），是否礼貌取决于言语策略的实际运用结果。就致歉来说，在没有经过现实检验之前，讨论致歉是否礼貌其实是无用的。梅尔在"恰当"（appropriateness）的框架下，将致歉命名为"修复工作"（Repair Work），认为致歉是说话人认为自己的行为跌落到特定群体所谓道德标准下，有可能给自己的形象带来损伤时而产生的一种修复形象损伤的行为。梅尔的"修复工作"是在批判和继承布朗和莱文森礼貌理论基础上建立起来的，考虑到语境的重要作用，具有较强的解释力。

我们认为言语行为理论及礼貌原则等是以英语国家文化为背景，牺牲文化差异为代价而寻求的普遍性原则。其理论的普适性有待进一步研究，特别是在东方文化背景下使用语言时，这些理论的合适度要作审慎的思考和验证。

（3）致歉的语用策略研究。弗里泽（1981）将致歉策略分为十种。直接的四种，分别是宣布道歉（announcing that you are apologizing）、说明有道歉的义务（stating one's obligation to apologize）、提供道歉（offering to apologize）、要求听话者接受道歉（requesting the hearer accept an apology）。

但直接策略里没有包括承认冒犯事实和表示遗憾。间接的六种分别是表示遗憾（expressing regret for the offence）、请求原谅（requesting forgiveness for the offense）、承认责任（acknowledging responsibility for the offending act）、保证克制（promising forbearance from a similar offending act）与提供补救（offering redress）等。①

其后，奥施坦和科恩（1989）在对德语、加拿大法语、希伯来语和澳大利亚英语等八种语言和语言变体中的"请求"和"道歉"言语行为调查分析的基础上，把致歉策略整理为八种：直接道歉（an illocutionary force indicating device）；表达说话者对冒犯所负的责任（taking on responsibility）；对造成冒犯的原因进行解释和说明（explanation or account）；提供补偿（offer of repair）；承诺将约束自己（promise of forbearance）；使用加强道歉预期的标示词（intensifiers of the apology）；减轻责任（strategy of minimizing）；表达对受害人的关心（concerning for the hearer）。

霍尔姆斯（Janet Holmes，1990）在研究新西兰致歉语时指出致歉有四种范畴：显性表达（an explicit expression of apology），包括直接致歉（offering apology）、表示后悔（expressing regret）、请求原谅（requesting forgiveness）；解释澄清（an explanation or account; an excuse or justification）；承认责任（an acknowledgment of responsibility），包括接受指责（accepting blame）、表达自我缺陷（expressing self-deficiency）、表达无意图（expressing lack of intent）、提供补救（offering repair/redress）等；保证克制（a promise of forbearance）。

乔斯勃格（Anna Trosborg，1995）认为致歉策略分为拒绝承认责任类（opting out），包括直接或间接否认责任（explicit or implicit denial of responsibility）、辩解（justification）、嫁祸他人（blaming someone else）、攻击别人（attacking the complainer）；逃避致歉类（evasive strategies），包括减轻冒犯程度（minimizing the degree of offence）；间接致歉类（indirect apologies），包括直接或间接承认责任（explicit or implicit acknowledgement of responsibility）、直接或间接解释（explicit or implicit explanation or account）；直接致歉类（indirect apologies），包括致歉词语使用（expression

---

① 转引自王梅《国外道歉语研究综述》，载《北京科技大学学报》（社会科学版）2010年第2期。

ofapology）；补救支持类（remedial support），包括表示关心（expressing concern for hearer）、保证克制（a promise of forebearance）、提供补救（offer of repair）。①

杉本（Naomi Sugimoto，1997）提出了三种类型策略：主要策略、次要策略和不常用的策略。主要策略指致歉者常用的致歉策略，包括明晰致歉（explicit apology）、解释（accounts）、描述损害（description of damage）、弥补（reparation）。次要策略包括赔偿（compensation）和允诺不再犯错。不常用策略包括对责任的明确估价（explicit assessment of responsibility）、自罚（self-castigation）和感激（gratitude）等。她（1999）在研究日本与美国致歉策略比较时，发现日本人更多地使用次要策略，如补偿、允诺或保证不再犯错。美国人通常是不提出补偿以避免削弱他们的地位、避免申明责任或避免承担将来义务，但他们也把冒犯归因为疏忽或非自己所能控制。日本人会努力挽回面子，强调不是恶意但对冒犯承担责任。

我们认为在关于致歉策略的研究中，乔斯勃格的分类与总结更为全面详尽。但查阅到的致歉研究成果多是侧重研究致歉的策略，也就是关注行为方法，不太注意行为结果。语效是言语行为的重要内容，致歉的语效应当成为研究者关注的内容之一。

2. 致歉的制约因素研究

在查阅的文献中，我们发现很多研究者在不同程度上探讨致歉言语行为的实施受文化和主体因素，如权势、社会距离、性别、年龄等的影响。

威尔兹比卡（Anna Wiezbicka，1991）认为言语行为理论和与哲学家塞尔、格赖斯著作相关的以及以后的会话逻辑理论都认为美国白人的说话方式代表了人类一般的说话方式。伯格曼与卡斯帕（Marc L. Bergman & Gabriele Kasper，1993）认为致歉是一种补偿行为，不同的文化间对于致歉含义的了解是不同的。梅尔（1998）也强调了文化的作用，指出对致歉语的研究要从描写型转向解释型。因此许多西方国家的学者根据本国的情况，对语用理论的普遍性进行研究，并考虑到了交际中的社会变量对语言使用的影响，从而为语言使用者的跨文化语用能力与社会语言能力的提

---

① 转引自王梅《国外道歉语研究综述》，载《北京科技大学学报》（社会科学版）2010年第2期。

升提供了指导作用。

沃默和奥施坦（Helmut J. Vollmer & Elite Olshtain，1989）通过研究德国致歉语的使用，分析了社会权力对致歉言语行为的影响，认为强化词（intensifiers）使用与社会权力呈负相关，直接致歉语使用与社会权力不相关。霍尔姆斯（1990）收集了新西兰致歉语183个自然对话并建立了语料库，研究社会变量对新西兰致歉语使用的影响以及其他相关问题。后来，她（1995）以新西兰受西方教育的中产阶级白人为调查对象，对男女在礼貌行为的各个方面进行了质、量分析，就两性的礼貌标准和礼貌价值观展开深入的分析和讨论。她发现男女在理解和使用致歉言语行为上存在着较大分歧：男性一般从自我出发，认为致歉是承认失败有损本人面子的行为，因而尽可能避免使用；女性则更能从他人出发，把致歉当作减轻或消除由冒犯带来的不良影响和修复关系的礼貌行为。因此不难想象，致歉最常发生于女性之间，而罕见于男性之间。此外，女性对空间（距离和动作）和言语冒犯敏感于男性；而男性对时间侵犯最为敏感。轻微的冒犯可能引发女性的致歉，而男性一般只对较严重的冒犯致歉。科恩（1996）以致歉语为例论述了社会语言能力，包括文化、年龄、性别、社会阶层与职业、交际中的角色与地位共同作用选择策略完成言语行为。阿弗格瑞（Akbar Afghari，2007）对波斯语的致歉言语行为进行了社会语用研究，并研究了社会距离与权势与致歉强化语使用的相关关系。

以上研究加深了我们对致歉有关制约因素的认识，但是对致歉的原因——也是重要的制约因素——冒犯行为的研究不够深入，仅在一篇文献（霍尔姆斯，1990）中发现对冒犯行为的分类研究。冒犯行为是致歉言语行为的引发原因，也是它区别于其他言语行为的特点之一。如果对原因认知不深刻，必然影响对结果认知的效果，所以应该对冒犯行为给予足够关注。

3. 致歉的跨文化研究

80年代以后出现许多关于实施致歉言语行为的跨文化研究。科恩与奥施坦（1983）调查研究了希伯来语中的致歉言语行为的实现模式，比较了母语者与非母语者的致歉语使用。他们发现二语习得者在致歉情景中所出现的文化或者形式的不得体现象是能够被辨别出的。他们基于得到的数据，制定了一套致歉言语行为的语义公式，包含五个基本原则。乔斯勃格（1987）把学习丹麦语的英语人士使用的致歉策略与本地人的进行比较，得出了社会语用策略确实会从一种语言迁移到另一种语言的结论。布卢姆—卡尔卡、豪斯与卡斯帕（Shoshana Blum-Kulka, Juliane House & Gabriele Kasper, 1989）进行了著名的大规模言语行为实证研究，这次研究被称为"跨文化言语行为实现项目"（Cross-Cultural Speech Act Realization Project）。它的研究目的是为了对比本族语者与非本族语者实施"请求"与"道歉"言语行为的异同以及比较不同文化间这两种言语行为的实现方式的差异。奥施坦（1989）就"请求"与"道歉"这两个言语行为设计了七种致歉情景，利用会话补全问卷（DCT）、斯皮尔曼（Spearman）相关检验等研究方法对希伯来语、澳大利亚英语、英国英语、美国英语、加拿大法语、丹麦语、俄语与德语等八种语言和语言变体之间言语行为实现异同进行了对比，并证明在同等的社会与语境条件下，不同语言间实现致歉言语行为具有相似性。

　　Hammouri（1998）对说英语的美国人和约旦人的致歉策略进行研究，发现两者都使用直接致歉、提出补偿、承担责任、做出承诺策略，但约旦人有特别使用的策略：对所发生的事情赞扬上帝、攻击受害者以及对冒犯程度最小化。Suszczyn-ska（1999）对英语、波兰语以及匈牙利语三者间的致歉语分析表明致歉的差异不仅体现在策略的选择和顺序上，而且还体现在语言的形式与内容上。塔塔（Jasmine Tata, 2000）的研究结果显示墨西哥裔美国人比英裔美国人更加注重地位在语言使用中所起的作用。马戈-瑞特（Rosina Márquez-Reiter, 2000）以布朗和莱文森的礼貌原则为理论框架，使用布卢姆—卡尔卡的五种致歉模式，对比了英国人与乌拉圭人使用致歉策略的差异，以及社会变量，包括社会距离、社会权力与冒犯程度对致歉策略的影响。Soliman（2003）对埃及和美国致歉风格进行了比较，发现两国母语使用者都使用加强语气的标志词来表达真诚；使用叹词（如，oh）以表示关心；倾向于对冒犯行为表示尴尬。所不同的是埃及人倾向于攻击地位低的受害者。

　　（二）国内研究综述

　　1988年，何自然在他的《语用学概论》里介绍言语行为理论时，两次提及道歉作为例证，但没作展开论述。1997年，贾玉新在《跨文化交际学》中作了恭维语和致歉语的文化对比分析。此后，国内其他学者以从事外语、跨文化研究的学者为主，开始关注汉语致歉言语行为的研究。研究者主要是引进、介绍国外的相关理论和研究方法；借鉴有关理论和研究方法研究汉语的致歉言语现象；通过对汉语致歉言语事实的总结证实国外相关研究结论的正确性或对结论做出部分修正和补充；将汉语与其他语言的致歉言语行为作跨文化的比较研究，深化对汉语致歉言语行为的认识。部分学者在描写汉语致歉言语行为的同时，意识到从汉文化这个深刻根源解释汉语致歉言语行为。具体情况如下。

1. 汉语致歉的语用学研究

（1）汉语致歉的言语行为研究。国内研究者对致歉言语行为的认识基本是建立在国外相关研究结论的基础上。随着研究的趋热，研究者的认识更加深入，但也有一些研究者在做简单的重复工作。可喜的是一些研究者更换研究视角，得出新颖的观点，如崔信淑、李军的研究。主要研究如下。

谭占海（2001）认为致歉是发话人表示对自己已经采取的某一威胁面子行为的后悔。向别人致歉等于认错，因此，在某种程度上伤害自己的面子。致歉的功能：挽救对方面子、协调交际双方的关系、实现交际目的、表示对受话人的同情、表示对受话人的感谢。罗朝晖（2004）认为致歉在本质上是一种社会行为，目的是为了保持人们之间的良好关系；进行致歉是一种礼貌行为，是重视听话人面子的需要；致歉是一种补救措施（remedy），是补救性交谈中不可缺少的成分，它的基本功能是为一项冒犯行为（offence）提出补救办法，恢复交际双方的平衡与和谐。致歉言语行为的实施可通过言语方式和非言语方式，但在社会交往中，我们更多地使用言语方式。邹白茹（2007）认为致歉是"为不适当或有危害的言语行为承认不是，承认对人委屈或无礼，同时表示遗憾"；"坦率承认自己的错误，或者把大事化小为减轻罪行所做的辩护"。崔信淑，李军（2012）将致歉行为在因果关系及时间的经过中把握，并将构成致歉行为的语言表达分为三个语言范畴，分别命名为"对事件的提及与说明""致歉""修复、维持、发展人际关系"。

（2）汉语致歉的语用策略研究。国内研究者研究致歉策略大多是借鉴国外研究方法、研究结果，从汉语的角度，对致歉策略和模式作了一定的补充、完善，是概括、总结性的研究。主要研究如下。

罗朝晖（2004）参照 Olshtain & Aijmer（1996）对致歉言语行为表达程式和策略的分类以及他本人调查收集的材料，把汉语致歉策略分为以下12种类型：显性道歉（Explicit Apology）、重述冒犯行为（Restatement of

Offence)、承担责任（Taking on Responsibility）、解释和说明理由（Account-excuse-explanation）、提出补偿或补救措施（Offer of Repair）、请求原谅或惩罚（Asking for Forgiveness or Punishment）、表示关切（Concern for Feelings and Attitude）、承诺或保证（Promise for Forbearance）、否认冒犯（Denial of Offence）、回避道歉（Avoidance of Apology）、表示惊叹或遗憾（Expression of Emotion or Regret）、减轻责任（Minimizing Responsibility）。李军（2007）认为汉语致歉言语行为由必有手段和辅助手段组成，必有手段包括专门道歉词语、承担错误和补救措施三种，辅助手段则有呼唤语、需要道歉的事实陈述和原因解释，并分析了这些致歉手段的构成特点及相配组合情况，对汉语致歉言语行为的语用特点作了概括。即致歉程度的深浅受对听话人造成不利程度的大小和说话人主观上想表达的致歉程度两个因素的共同影响，对听话人的不利越大，说话人希望表达的致歉程度越高，越倾向于选择致歉程度高的手段或者是多种手段的组合模式。方瑞芬、彭博（2011）首先在前人研究的基础上将致歉策略做了一定的修改，分为明确道歉和不太明确道歉两个类型。其中不明确道歉包括解释、补偿、允诺不再犯错、表示不是故意伤害对方、表示对对方的关心以及承担责任等。方妍（2011）结合科恩与奥施坦（Cohen & Olshtain）和乔斯勃格（Anna Trosborg）对致歉言语行为的研究，将致歉言语行为的策略分为七类：一是显性表达策略，即施为用意表达策略（Illocutionary Force Indicating Devices）；二是承担责任策略（Taking on Responsibility）；三是减轻责任策略（Reducing Responsibility）；四是解释说明策略（Explanation or Account）；五是表达对听话者的关心策略（Showing Concern for the Hearer）；六是提供补偿策略（an Offer of Repair）；七是保证克制策略（Promise of Forbearance）。

这方面的研究还有：谭占海《言语交际中的道歉策略》，钱乐奕《汉语道歉言语行为之分析》，李正娜、李文珠《析汉语道歉语的使用模式》，李志君、秦傲松《汉英道歉策略对比研究》，张永莉《汉语道歉中的语用策略》等。

汉语致歉的策略研究基本上是借用国外的研究成果，对汉语致歉策略的独立思考不多。另外，策略分类数目较多，各自独立表述，割裂了彼此间的联系，对致歉言语行为实施的指导效率低，运用难度高。心理学上的研究表明，一般人的短时记忆模块数为7±2，所以各自独立的策略数目过多，难以实现对言语行为实施的有效指导。

2. 汉语致歉的制约因素研究

（1）影响汉语致歉的文化因素。语言与文化紧密相联，语言承载文化，文化塑造语言。致歉作为一种语言行为，同时也是一种社会行为，必然有它深远的文化根源。从收集到的文献资料看，还没有专文对汉语致歉作文化方面的研究，但国内一些学者已经在相关文章中尝试从文化角度关注、解释致歉言语行为，主要研究如下。

顾曰国（1990）对利奇（Leech）的策略准则和慷慨准则进行了修订，提出了"中国式"的礼貌原则，其中策略准则包括（1）行为动机层：尽量减少他人付出的代价；（2）会话表达层：尽量夸大得到的益处。慷慨准则包括：（1）行为动机层：尽量增大对他人的益处；（2）会话表达层：尽量说小自己付出的代价。他（1992）追溯了现代礼貌概念的历史渊源，并根据礼和礼貌的联系归纳出五条礼貌准则：贬己尊人准则，称呼准则，文雅准则，求同准则和德、言、行准则。贬己尊人准则是最具中国文化特色的礼貌现象，称呼准则在用作称呼语的词项上也很具中国特色。他强调：语用准则来源于文化，是一种进入言语行为的文化准则，具有鲜明的文化特点；语用准则不同于语法规则，它属于语言活动，是制约规则，可以相互兼容和通融，也可以相互抵触，使用时需随机应变、灵活运用；语用准则有多功能性：对多元选择项做出制约，对理解话语和言外之意提供必要的前提，以及对语法所无法合理解释的语言现象做出功能解释。

李军（2007）总结：第一，汉文化中社会权力差别比较明显，社会地位高的一方对于自己认为比较轻微的不合适行为较常使用不出现专门道歉词语的道歉方式。第二，汉文化中，熟识的人尤其是亲人之间，不道歉或不使用专门道歉词语来道歉比较常见。第三，汉文化具有含蓄、爱面子等传统特点。这些导致了汉文化中不用专门道歉词语的道歉方式的使用频率比较高，也因此形成了汉语中丰富的道歉表达方式。

（2）影响汉语致歉的性别因素。性别因素是影响致歉言语行为的重要因素之一，因为它是人类社会显性、普遍的存在因素。国外的相关研究也很充分。作为研究对象，性别因素更易把握、区分，所以在汉语致歉的社会语言学研究中，关于性别因素的研究更加丰富一些。研究者们大都关注性别与致歉频率、致歉策略选择、致歉语使用等之间的关系。主要表现如下。

周娉娣、张君（2002）用调查数据表明男生的致歉言语行为基本上符合布朗和莱文森（Brown & Levinson）的面子理论，他们的致歉与行为的难易程度、社会权力、社会关系相关。但女生的致歉言语行为受社会因素影响较小，她们则更注重维系良好的社会关系，因此不管社会关系和地位差异如何，女生的致歉大多是针对与她们地位相同的亲人和朋友。潘小燕（2004）认为语言中的性别差异是一种普遍存在的现象，研究表明：女性比男性更容易向别人道歉；女性更易于选择"直接表达道歉"的道歉策略，使用正式、得体的道歉语；而男性道歉策略的选择则受到社会因素如社会距离、社会权力等的影响；女性更爱使用程度副词，如"真""十分"等。李燕（2006）对男女大学生致歉策略的选择进行了定量分析。研究表明：女性更倾向于使用道歉语以及复杂形式的道歉语；女性更倾向于使用多种道歉策略，通常使用一个基本道歉策略和其他道歉策略；而男性则更倾向于使用简单的道歉策略，通常使用一个道歉策略。孙娟娟、王会刚（2009）探究致歉言语行为中的性别差异，调查结果表明：首先，男女受试者使用的道歉策略均与奥施坦和科恩（Olshtain & Cohen）提出的道歉策略理论框架基本相符。其次，较之女性，男性的道歉言语行为更多地受到社会权力的影响。另外，反映在社会距离上，两组受试者没有表现出显著差异；在道歉类型上，男性对他人时间的冒犯较为在意，而女性对话题造成的冒犯和空间冒犯更为敏感。

这方面的研究还有：赵弘《汉语道歉语的性别差异研究》，王力、刘欣红、王锦山《言语行为理论中汉语道歉语的性别差异》，方瑞芬、彭博《英汉道歉策略使用的性别差异研究》等。

（3）影响汉语致歉的其他因素。除了性别因素外，汉语致歉还受其他诸多因素的影响，如主体间社会距离、权势差距、年龄差距等。研究者们就这些相关制约因素也做了大量研究，主要表现如下。

钱乐奕（2003）认为致歉作为一种言语行为，其使用有着很大的伸缩性。在不同的场合下，说话者和听话者也会由于社会距离、社会权势、冒犯的程度和致歉的必要性等因素而采取不同的致歉方式。罗朝晖（2004）认为权势关系和人际距离的变化影响致歉策略和手段的选择。致歉方处于负权势关系时，显性致歉、重述冒犯行为、解释申明理由的频率偏高；而致歉方处于正权势关系时，提出补救措施和回避致歉的频率偏高；处于平等关系时，致歉方很少解释说明理由。此外，无论操英语者还是操汉语者，对距离较疏远的对方采用显性致歉策略的频率都明显高于对关系亲密者采用此策略的频率。致歉方对关系亲密者使用重述冒犯行为、解释说明原因和提出补救措施等策略的频率比对关系疏远的人采用这些策略的频率高。肖涌（2005）从社会距离角度出发，通过"语篇补全测试"，研究汉、英文化中致歉策略在动态的社会距离中的分布。结果发现：汉语致歉行为对社会距离的感知度比英语致歉行为的感知度高；汉语在解释、直接道歉、补偿和求罚四个策略上，明显地受社会距离感知动态的影响，而英语只是在解释这个策略上体现出影响。这种差异反映了汉语文化"关系取向"以及英语文化"个人取向"的深层社会结构。李鹏（2011）论述了性别因素、社会关系、文化背景和个人心理等因素将会影响到致歉言语行为使用的礼貌性。

以上研究成果对汉语致歉制约因素的研究存在一定偏颇，对性别、社会距离、社会权势的关注更多，研究深入，其他多种因素同样影响致歉策略和致歉语的选择，如年龄、职业、性格、情绪、时间、场合，尤其是冒犯行为的类型和程度等因素，研究成果缺少，不够深入，这些都有待加强研究。此外，冒犯行为不仅是致歉言语行为的制约因素，它更是触发致歉行为的诱因。国内对冒犯行为的明确研究很少，仅发现周林艳的《致歉言语行为研究》一文中有比较详尽的论述。自然，正如国外研究现状一样，对汉语冒犯行为研究不足，直接影响汉语致歉言语行为的深入研究。

3. 汉语致歉的跨文化比较研究

国内研究者对致歉的跨文化研究比较深入，研究成果比致歉的其他方面都丰富得多。这些研究主要采用调查问卷的形式、比较分析的方法，研究汉外两种语言中致歉语和致歉策略选择的差异以及造成这种差异的社会、文化因素。研究成果对加深汉语致歉言语行为的性质、特点、语用策略、影响策略选择的因素等的认识及对提升二语习得教学效果有重要的促进作用。研究内容以英汉致歉的跨文化研究为主，也涉及俄汉、日汉、韩汉及汉族与少数民族致歉言语行为的比较。主要研究如下。

（1）汉英致歉的跨文化比较。钱乐奕（2003）通过问卷调查的方式，着重对以汉语为母语的中国人和以英语为母语的英国人的致歉方式进行了分析比较，指出直接表示致歉的模式使用频率高，同时在致歉时，中国人更注重加强自己的致歉语气以避免冲突，而英国人的致歉则注重自己的行为是否给对方带来了实际的冒犯。李志君、秦傲松（2005）以语篇补全测试为工具，通过 t-检验和频数统计方法对汉语与英语中的致歉策略进行了对比研究。结果表明：汉、英文化在道歉策略的使用模式和施为用意表达策略（IFID）、承担责任策略（RESP）的使用上具有一些共性，但部分道歉策略的使用、IFID 策略的修饰语、道歉的具体内容和语言形式因语言结构、文化价值观和情景的不同而存在差异。李燕（2006）研究表明中、美两国大学生在致歉策略上的差异反映出两国不同的文化。中美两国有着不同的文化取向。美国有着典型的个人主义文化取向，而中国有着典型的集体主义文化取向。个人主义文化取向更加重视维护自己独立性的积极面子，从而损害了与他人和谐关系。集体主义文化取向更加重视与他人的和谐的关系，为此，人们会损害维护其独立性的积极面子来满足与他人保持和谐关系的需要。王海萍、项骅（2009）利用致歉视频作为引发手段从跨文化社会语用及语际语用两个方面探究中英受试对致歉言语行为的评价。研究结果显示中国受试倾向于把面子与致歉必要性联系起来，而英国受试在评价中优先考虑冒犯情节的严重性，即前者更具面子导向性而后者更具事实导向性。同时，该研究也体现了致歉言语行为中身势语的重要作用，身势语受文化背景的制约，身势语得当与否影响言语行为的实现，这要求在实际语言教学中应积极提高学生的元语用意识。吴叔尉、胡晓（2010）认为英、汉语致歉言语行为存在差异，这与各自的文化因素有关，反映出中西价值观和社会行为规范的不同。主要体现在致歉频率、道歉的言外之力指示手段、道歉语的回应方略等方面。要想减少这方面的语用失误，就需要英语学习者加强对跨文化差异的认识和敏感性，努力提高跨文化交际能力。

这方面的研究还有：黄永红《对言语行为"道歉"的跨文化研究》，胡晓《中美道歉言语行为的跨文化研究》，张国霞《跨文化交际中的道歉行为与道歉策略》，姜占好《中澳大学生英语道歉策略的对比研究》，范镜春《英汉道歉用语的语用对比研究》，谢亮蓉《道歉策略跨文化研究》，邹白茹《道歉策略对比分析与第二语言语用能力培养》，赵永刚《英汉道歉言语行为的语用对比研究》，洪溪珧《道歉语的跨文化研究》等。

（2）汉语与其他语言（英语以外）致歉的跨文化比较。李擎（2011）研究表明，中、日、英三语中的致歉策略使用有一致性也有差异。相同之处在于三国都倾向于使用同种模式的致歉策略，且对"明晰表达道歉"和"解释原因"两种策略的使用频率最高。而差异在于由文化模式和社会地位差异所引起的策略使用频率、偏好等方面差异。崔信淑、李军（2012）调查、对比分析中日致歉言语行为得出结论：向对方道歉时，日本社会规范所认同的语言行为是以道歉语言表达表示诚意；主要以惯用道歉语言表达来实现，其次以对事物的提及与说明来实现。而中国人的道歉与对方的亲疏程度有密切关系，主要以惯用道歉语言表达和对事物的提及与说明来实现。

这方面的研究还有：陈永洙《汉语"对不起"等四种道歉词语的中韩学生运用情况及对教学的启示》，汪成慧《俄汉交际中的道歉言语行为与道歉策略》，张国霞《汉维大学生道歉策略跨文化语用对比研究》等。

最后，国内致歉言语行为的研究多是从某个单一视角的研究，研究框架比较松散，缺少从整体视角、严密框架下的研究。另外，对致歉话语形式的研究不够透彻。致歉话语形式是落实致歉言语行为的各种不同语言表达手段，涉及词汇、句法、重叠等等。致歉策略是指导致歉言语行为的方案和路径，具有隐蔽性的特点，属于语义深层，结合具体语境，将语义深层外化到句法表层，致歉话语形式将起到至关重要的作用。致歉话语形式的合理使用将显现和强化致歉言语行为的实施效果。现有研究成果对致歉话语形式研究较少，仅关注到了致歉标记语，如郝晓梅《对汉语道歉语"对不起"的语用分析》，孙利萍《话语标记"不好意思"的历时演变及功能》等。鉴于致歉话语形式的重要作用，相关研究需要深化、拓展。

三 解决的问题

本书将在前人研究的基础上，立足汉民族社会文化背景，对搜集到的大量现代汉语致歉言语行为语料统计、分析，欲解决如下问题：第一，解析致歉言语行为的概念、性质、分类、功能等，明确大众对致歉言语行为的认知心理，推进人们对致歉言语行为的认知进程，改变人们对致歉言语行为的认知状态，解决人们爱面子、羞于致歉的问题。第二，揭示致歉言语行为的完形模式、表达方式、制约因素等，帮助人们掌握实施致歉言语行为的技能，解决人们想致歉却不知该怎样致歉的问题。第三，解析冒犯度与致歉度以及它们之间的因果关系，帮助人们习得实施致歉言语行为的技巧，解决人们致了歉却没收到预期效果的问题。

四 研究方法与语料来源

本书的研究将采取定性与定量相结合的措施，综合运用归纳法、演绎法、文献法、问卷法、统计法、变换分析法、内省法等多种方法，以尽最大可能对致歉言语行为做出细致、科学的研究。

本书的语料来源主要有五个渠道：一是现当代影视剧剧本，我们从其中的人物对话里摘录致歉语例，共阅读该类剧本26部，分别是《雷雨》《日出》《龙须沟》《北京人》《春华秋实》《上海屋檐下》《茶馆》《面子问题》《原野》《明朗的天》《逃亡》《王昭君（历史剧）》《春蚕》《红楼梦》《乌鸦与麻雀》《梨园英烈——二百五小传》《万家灯火》《一江春水向东流》《八千里路云和月》《马路天使》《十字街头》《逃亡》《桃李劫》《渔光曲》《上海24小时》《漂亮妈妈》，收集到致歉语例200多条；二是现当代文学史上的经典小说，我们也是从其中的人物对话里摘录致歉语例，共阅读该类小说39部，分别是《骆驼祥子》《杜拉拉升职记》《围城》《憩园》《倾城之恋》《我是你爸爸》《红高粱家族》《寒夜》《四世同堂》《红高粱》《倪焕之》《家》《白鹿原》《看上去很美》《第四病室》《活着》《杜拉拉升职记（第二部）》《平凡的世界》《奋斗》《沉沦》《沉重的翅膀》《淘金记》《一地鸡毛》《边城》《贫嘴张大民的幸福生活》《红楼梦》《许三观卖血记》《青春之歌》《林家铺子》《半生缘》《受戒》《夜的眼》《高兴》《兄弟》《大红灯笼高高挂》《子夜》《废都》《来来往往》《我叫刘跃进》，收集到致歉语例400多条；三是当代热播的电视剧，我们从剧中的人物对话里摘录致歉语例，共观看该类电视剧8部，分别是《北京青年》《心术》《北京爱情故事》《奋斗》《雍正王朝》《杜拉拉升职记》《家有儿女》《媳妇的美好时代》，收集到致歉语例300多条；四是北京大学中国语言学研究中心CCL语料库，我们搜集到与致歉言语相关的语料2000多条；五是日常生活中真实致歉言语行为实录以及内省语例，收录近100条。

来自渠道一、二、三、五的语例，共计1000多条，这部分语例信息全面，除了致歉话语形式外，致歉的原因、主体因素、语境因素以及伴随致歉语言的非语言形式都能够体现，基本接近生活中真实的致歉言语行为，所以，这部分语例是本书的重点研究对象。文中的分析、定性是建立在这部分语例的基础上，佐证也主要是由这部分语例来完成。来自渠道四的语料，共计 2000 多条，这部分语料除了致歉话语形式外，一般只能找到语言语境，其他与致歉相关的重要因素都被省略了，这种语料很难加深我们对致歉言语行为的认识，我们只在论述致歉标志语的句法形式时使用了这些语料作为佐证，因为出自语料库的这些语料方便归类，易于在形式上对照，所以，在关注句法形式时，这些语料还是有优势的。

第一章

致歉言语行为概述

第一节 致歉言语行为的内涵

致歉言语行为是在交际主体 A、B 之间，A 由于冒犯、歉疚等原因而引发的，向 B 表达歉意的补偿性言语行为，进而恢复 A 与 B 之间的人际关系和谐（A 是致歉方，B 是受歉方）。

致歉主体包括个人和组织，个人可分为公众人物和普通人；组织可分为政府和非政府组织。致歉原因包括发生冒犯行为或个人感到歉疚，冒犯是"言语或行动没有礼貌，冲撞了对方"[1]，是指已经发生了的、被冒犯方察觉或体验到的、客观存在的失礼事实，致歉方判断是否构成冒犯和冒犯的程度是依据所在社会人群的文化、道德标准和被冒犯方（受歉方）的情绪、行为等反应；歉疚是"觉得对不住别人，对自己的过失感到不安"[2]，是指致歉方内心的主观感受，令其不安的事情已经发生或者尚未发生，致歉方不安的心理是基于其所认可的社会文化、道德标准与其行为或将要发生的行为所作的对照、判断。

一 致歉言语行为和致歉行为的关系

致歉行为是行为实施者向对方表达歉意的行为，既可以通过语言手段，也可以通过非语言手段来完成，而且，在多数场合，这两者是彼此合作，共同完成致歉行为的。致歉言语行为是以语言为手段来完成的致歉行为，它属于致歉行为之一，是致歉行为中最重要的一种手段。它们之间的

---

[1] 中国社会科学院语言研究所词典编辑室编：《现代汉语词典》（第六版），商务印书馆 2012 年版，第 878 页。

[2] 同上书，第 1040 页。

关系如表 1 所示：

表 1　　　　　　　　致歉言语行为和致歉行为的关系

致歉行为	语言致歉（A）		
	非语言致歉	伴随性的（B）	以语言致歉为前提而附带出现的
		独立性的（C）	不以语言致歉为前提而单独出现的

其中伴随性的非语言致歉是指致歉言语中的声音状况以及伴随话语的表情、眼神、身势等，书面语中的书写工具和印刷方法的选择之类。而独立性的非语言致歉是指不伴随语言致歉而出现的那些像服饰的选择（如负荆、捆绑）、服装的着脱（如脱帽）、表情举止（如哭泣、下跪、鞠躬）等因素，也包括不与语言致歉共现，但传达歉意的图像、画面以及赠送礼物、鲜花等。

致歉行为包括 A、B、C 三个部分，而致歉言语行为包括 A、B 两个部分，不包括 C 部分，所以致歉行为包括致歉言语行为，致歉言语行为是致歉行为的子集。

二　致歉言语行为和致歉语言的关系

一般而言，在言语行为研究中，以语言为中心是理所当然的，但如果从语言运用的角度来考虑问题，则用语言外围的手段进行的交际也不能排除在外、弃之不顾。只是在这种情况下，要注意区别语言交际和非语言交际，不仅指出它们在形式上的区别，而且指出它们在现实交际中的不同点和共同点。通常情况下，语言交际和非语言交际共同构成一个完整的交际，因而有必要对它们进行综合考察，弄清它们在整个交际中的合作和分工状态。[①] 可见，致歉语言是致歉言语行为的一部分，致歉言语行为包含着致歉语言。

致歉言语行为和致歉行为、致歉语言之间的关系可以用几何图形表示，如图 1 所示。

本书研究致歉言语行为，不仅关注致歉语言，而且关注与致歉语言相伴的非语言致歉因素。

---

① 云桂宾：《语言行为和语言技能》，北京广播学院出版社 1998 年版，第 8 页。

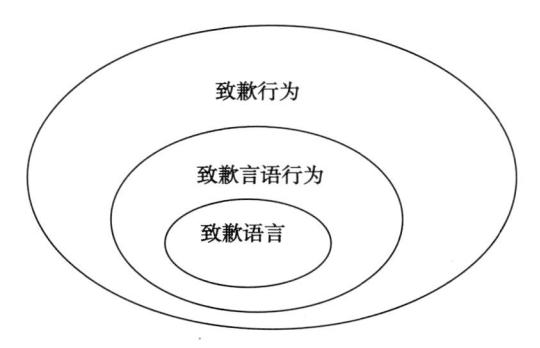

图1 致歉言语行为和致歉行为、致歉语言之间的关系

第二节 致歉言语行为的性质

一 引发行为

致歉言语行为是一种引发行为,引发是"引起;触发"①,也就是说它并非"无源之水,无本之木",它的产生是有原因的,是一种顺理成章的结果。它是冒犯行为引起的或歉疚心理触发的。但这种"引发"并非必然,促使致歉言语行为实施的原因只是其实施的必要条件而非充分条件。有些本该发生的致歉言语行为并未那样顺理成章地发生,而是由于某些其他原因"难产"了。

引发致歉言语行为的冒犯行为的具体情况,因为对于某个具体行为是否构成冒犯,致歉方和受歉方的判断也会有分歧。如表2所示:

表2　　　　　引发致歉言语行为的冒犯行为的具体情况

	致歉方对于某个具体行为是否构成冒犯行为的态度	
受歉方对于某个具体行为是否构成冒犯行为的态度	+(致)+(受)　a	-(致)+(受)　b
	+(致)-(受)　c	-(致)-(受)　d

注:"+"代表认为构成冒犯行为;"-"代表认为不构成冒犯行为。

---

① 中国社会科学院语言研究所词典编辑室编:《现代汉语词典》(第六版),商务印书馆2012年版,第1554页。

上表中 a 种情况，致歉方、受歉方观点一致，都认为构成冒犯行为，引发致歉言语行为的概率很高；c 种情况，虽然致歉方与受歉方观点不一致，但由于致歉方认为构成冒犯行为，所以引发致歉言语行为的概率也较高；b 种情况，致歉方与受歉方观点不一致，是受歉方认为构成冒犯行为，这需要致歉方通过对受歉方的观察或接收到其反馈信息才能意识到冒犯行为的发生，所以引发致歉言语行为的概率相对要低；d 种情况，双方观点也一致，都认为不构成冒犯行为，不会发生以致歉为交际意图的言语行为。

触发致歉言语行为的歉疚心理是致歉方的内心状态，可分为三种情况：①致歉方认为已发生的行为是冒犯行为，对受歉方心存歉疚；②致歉方认为自己尚未实施或即将实施的行为是冒犯行为，而对受歉方心存歉疚；③致歉方认为自己未尽到该尽的责任或义务，而对受歉方心存歉疚。这些令人歉疚的情况都会触发致歉方产生实施致歉言语行为的需要。

二　补偿行为

致歉言语行为是一种补偿行为，补偿是"抵消（损失、消耗）；补足（缺欠、差额）"①，它的实施是以补偿为目的，伴随着补偿效果。补偿可分为两种情况（见表3）：一是抵消损失、消耗等。事物原本是充足、完好的，因遭遇了某些事情而损失、消耗掉一部分。受歉方的身心舒适、财产等上会因冒犯行为的发生而损失、消耗掉一部分，此时，致歉言语行为能够抵消或部分抵消这部分损失、消耗，使受歉方的身心舒适、财产等上得到一定程度的补偿。同时，致歉方的身心舒适上也会因发生冒犯行为所产生的歉疚而受到损失、消耗，致歉言语行为同样能够抵消或部分抵消这部分损失、消耗，使致歉方的内心恢复一定的平和；二是补足缺欠、差额等。事物应该是充足、完好的，但现实是不足、残缺的，比照理想的状态欠缺一部分。致歉方会因自己未尽到该尽的责任或义务而产生歉疚，所以会有身心舒适上的不足、残缺。致歉言语行为可以补足或部分补足致歉方身心上的这种不足、残缺。

---

①　中国社会科学院语言研究所词典编辑室编：《现代汉语词典》（第六版），商务印书馆2012年版，第103页。

表 3	致歉言语行为的补偿类型
补偿类型	具体表现
抵消损失或消耗	受歉方的身心舒适、财产等上会因冒犯行为的发生而损失、消耗掉一部分，此时，致歉言语行为能够抵消或部分抵消这部分损失、消耗，使受歉方的身心舒适、财产等上得到一定程度的补偿。同时，致歉方的身心舒适上也会因发生冒犯行为所产生的歉疚而受到损失、消耗，致歉言语行为同样能够抵消或部分抵消这部分损失、消耗，使致歉方的内心恢复一定的平和。
补足缺欠或差额	致歉方会因自己未尽到该尽的责任或义务而产生歉疚，所以会有身心舒适上的不足、残缺。致歉言语行为可以补足或部分补足致歉方身心上的这种不足、残缺。

第三节 致歉言语行为的功能

致歉言语行为能够补偿或部分补偿冒犯行为造成的后果，由于冒犯行为的具体情况不同以及致歉方和受歉方对冒犯行为理解、体会的偏差，致歉言语行为在具体实施过程中所具有的功能也呈现出一定的差异。具体情况如下。

一 弥补受歉方的补偿需要

受歉方遭受冒犯行为，身心舒适或财产等势必产生有形或无形的损失，自然会产生被补偿的需要。当然，这种需要的具体情况要视损失的性质和具体程度而定，是精神上的、身体上的还是物质上的需要，致歉方应该有一个基本的判断。成功的、有效的致歉言语行为能做到有的放矢的补偿，所以对受歉方的补偿还可以细分为精神补偿和物质补偿两个方面。

二 平复致歉方的不安心理

致歉方因其冒犯行为或未尽到的责任、义务而产生歉疚心理，或因个人的冒犯行为而有遭受被冒犯方的反冒犯的可能，这些都是导致致歉方心理不安的因素。致歉言语行为除了可以补偿受歉方，也可以补偿或部分补偿致歉方的歉疚心理，毕竟它是致歉方的一种态度和付出，所以无论受歉方接受不接受道歉，致歉方都可以把自己的致歉行为视为负了某种程度责任的表现。同时，因为致歉言语行为能补偿或部分补偿受歉方的需要，所以这也会大大降低或避免致歉方被反冒犯的可能性,某种程度上可以规避自己被冒犯的风险。可见,实施致歉言语行为能平复致歉方的不安心理,即是缓解歉疚或是规避风险。

三 修复双方的人际关系

人际关系大致可分为陌生关系和熟识关系,即陌生人之间的关系和熟悉人之间的关系。正常的陌生关系应是双方互无干涉、共存共生的平衡关系,熟识关系是双方相互了解、互助互爱的融洽关系。在这些和谐的人际关系背后,潜藏的是人们心态的平和,这是和谐人际关系的基础。冒犯行为或歉疚心态往往会破坏这种平衡和融洽,形成一种不和谐的人际关系,因为它们首先打破了人们心态的平和。致歉言语行为在某种程度上满足了受歉方的补偿需要,平复了致歉方的不安心理,也就是在某种程度上恢复了受歉方和致歉方的心态平和,继而修复双方被破坏的人际关系,恢复人际关系的和谐。可见,致歉言语行为的直接功能是弥补受歉方的补偿需要和平复致歉方的不安心理,间接功能是修复双方的人际关系。

第四节 致歉言语行为的类型

致歉言语行为直接功能的分布情况如表 4 所示:

表 4　　　　　　　致歉言语行为直接功能的分布情况

	平复致歉方的不安心理	
弥补受歉方的补偿需要	+(致)+(受) A	-(致)+(受) B
	+(致)-(受) C	-(致)-(受) D

注:"+"代表致歉言语行为中相应功能发挥作用;"-"代表致歉言语行为中相应功能未发挥作用。

依据以上功能分布情况,将致歉言语行为分类如下。

一 利人致歉言语行为

此类型对应于表 4 中 B 种情况,致歉方并不认为自己的行为构成冒犯行为,但受歉方认为自己受到了冒犯,实施致歉言语行为主要是满足受谦方的补偿需要。可分为精神补偿的和物质补偿的两个小类。如:

例（1）背景：电视剧《奋斗》中，夏琳在一家俱乐部找了一份唱歌的工作，陆涛（夏琳的男友）去俱乐部找夏琳，发现夏琳的工作状况后，生了夏琳的气。夏琳向陆涛致歉：

"好好好，都是我错了。"（笑嘻嘻地说）

此例中，陆涛认为自己的女朋友在俱乐部给人唱歌，而且穿着暴露，是让自己丢面子、伤自尊的事情，而夏琳作为当代知识女性，认为她从事的是一份自食其力的合法工作，没什么不合适的。对于夏琳在俱乐部工作这件事，陆涛认为是对自己的冒犯行为，而夏琳认为这是正常的工作，心里并没产生歉疚，从她笑嘻嘻的说话态度也可证明，但她发现自己的男朋友生气了，还是实施了致歉言语行为，为了弥补陆涛的精神损失，使他恢复愉悦的精神状态。

例（2）背景：在小说《杜拉拉升职记》中，王伟请杜拉拉吃饭，结果席间王伟无意中说了杜拉拉反感的话，惹她不开心，因而王伟致歉：

"得，我错了。"（反应迅速，语言流利）

此例中，王伟绝对没意识到自己要说的话有什么不妥之处，如果意识到了，他绝对不会说。因为他请杜拉拉吃饭就是要缓和俩人此前不太融洽的关系，他不可能再去说冒犯杜拉拉的话。但每个人的经历、感受不同，王伟无意间说的话却令杜拉拉不高兴了。虽然王伟本来认为他的话并没有什么，心里不会有什么歉疚，可是他还是实施了致歉言语行为，为了补偿杜拉拉的精神损失，从而令她高兴起来。

以上两例是精神补偿的利人致歉言语行为。

例（3）背景：小说《围城》中，方鸿渐因为孙柔嘉的姑母误会自己欺负柔嘉，让他很生气，孙柔嘉发现后，跟他道歉。

"好，算我家里的人冤枉了你，我跟你赔罪。今天电影我请客。"（撒娇地说）

此例中，孙柔嘉是方鸿渐的妻子，她没有想到自己姑母对方鸿渐的误会会让他这么生气，但是为了哄丈夫开心，她先是"赔罪"，做出调侃式的精神上补偿，又说"今天电影我请客"，做出行为上的补偿，两种补偿都是用来弥补丈夫遭受自己姑母冒犯所产生的心理损失。

例（4）背景：在小说《围城》中，顾尔谦等到了自己的行李，不想再陪着李梅亭等下去了。李梅亭认为他不够朋友，顾尔谦马上道歉。

"梅亭先生，我绝不先走，陪你等行李。"

此例中，顾尔谦发现自己"不想陪着等下去"的想法惹得李梅亭不高兴了，他马上表态留下来，"陪你等行李"，用实际行动补偿李梅亭因刚才要被他"抛弃"而受到冒犯所产生的精神损失。

以上两例是物质补偿的利人致歉言语行为。

可见，利人致歉言语行为是以受歉方单方直接受益为主要言语效果的行为，是由冒犯行为引发的，不过这个冒犯行为是受歉方认可而致歉方并不认可的，致歉方内心基本没有歉疚感，言语行为的直接效果是抵消或部分抵消受歉方在身心舒适或财产上的消耗、损失。

二 利己致歉言语行为

此类对应于表4中C种情况，致歉方实施致歉言语行为主要是平复自己的心理不安。可分为规避风险的和缓解歉疚的两个小类。如：

例（5）背景：电视剧《红楼梦》（第二十二集）中，春燕母因春燕干活不利落痛打春燕，众人劝阻不听，被宝玉和晴雯撞见，宝玉因春燕母举止过分而教训她。春燕母向宝玉致歉：

"宝二爷，好歹饶了我这回吧，下回再也不敢了。"（跪在地上，但有些不情愿地说）

此例中，春燕母作为母亲管教女儿没有什么过错，但其刁蛮恶毒、不管不顾的方式是别人接受不了的。宝玉出面教训春燕母，一是有"路见不平，拔刀相助"的意味，二是要煞一煞春燕母的嚣张气焰，毕竟这是在他的"家"里，怎能让这下人如此大吵大嚷地行事。春燕母是个干粗活的底层妇女，未必能理解到宝玉教训自己的初衷，但她能看出宝玉不高兴了，为了避免宝玉可能对她进一步采取责罚措施，她马上实施致歉言语行为，来保全自己。

  例（6）背景：话剧《雷雨》中，鲁贵在家喝酒后肆意辱骂侍萍和大海，鲁大海气不过，用枪逼迫鲁贵向侍萍致歉，鲁贵说：
  "我说错了，我以后永远不乱说，不骂人了。"

此例中，鲁贵作为侍萍的丈夫，在家中总想彰显其一家之主的地位，特别是喝酒以后，更是无德，经常胡乱辱骂侍萍，这次辱骂只是以往习惯的延续，对于鲁贵来讲，没觉得有什么不妥。但鲁大海作为侍萍的儿子忍受不下去了，他用枪逼迫鲁贵道歉。鲁贵发现情形不妙，自己有生命危险，所以只好为自己已经习以为常的行为道歉，为的是避免丧命于鲁大海的枪下。

以上两例是利己致歉言语行为中的规避风险小类。致歉方实施致歉言语行为主要是为了自己规避风险，即以致歉方为主要直接受益者的行为，是由冒犯行为引发的，这个冒犯行为是受歉方认可而致歉方未必认可的，所以致歉方很少有歉疚的心理，当然致歉言语行为的实施客观上也会对受歉者遭受的冒犯后果做出一定的补偿，只是由于这类致歉言语行为往往是致歉方迫于形势、被动地、不情愿地实施的，所以对于受歉方的补偿效果不好，因为谁都不愿接受不诚恳的致歉。此类言语行为的效果是一定程度上满足了受谦方的补偿需要，也规避了致歉方身心舒适或财产上的损失、消耗，相当于抵消或部分抵消这些方面的潜在损失、消耗。

  例（7）背景：电视剧《北京爱情故事》（第三十二集）中，沈冰与程峰一起去看老程（程峰的父亲），沈冰做完自我介绍后，老程因为自己当时在监狱中，而向沈冰致歉：
  "没想到第一次见面是这种地方。对不起呀！"

此例中，老程由于自己身处狱中，而让儿子及其女性朋友不得不到监狱里来探视自己，心生歉疚，觉得自己作为长辈做得不够好，没能为晚辈创造好的环境，通过致歉言语行为至少可以表明他是通人情、明事理的，他内心是有歉疚的。

例（8）背景：话剧《雷雨》中，侍萍担心四凤再与周家人有来往，逼着四凤发誓，四凤很痛苦，侍萍觉得女儿的命运都是因她而起，而向四凤致歉：

"可怜的孩子，妈不好，妈造的孽，妈对不起你，是妈对不起你。"（抱着女儿，大哭）

此例中，侍萍认为自己从前的"过失"导致女儿四凤今天的不幸，是自己从前做得不够好，而后又没有关照好女儿，所以对四凤心存歉疚。通过致歉言语行为，侍萍表达了对四凤的歉疚之情，也宣泄了她压抑的情感，能够缓解内心的不安。

以上两例是利己致歉言语行为中的缓解歉疚小类。致歉方实施致歉言语行为主要是为了缓解内心歉疚，即以致歉方为主要直接受益者的行为，是由致歉方的歉疚心理引发的，这个歉疚心理是致歉方认为自己未尽到应尽的责任或义务而产生的，在致歉方和受歉方之间并没有冒犯行为发生。此类言语行为的效果是补足或部分补足致歉方在身心舒适上的不足或残缺，或者缓解内心的不安。

三 双赢致歉言语行为

此类对应于表 4 中 A 种情况，致歉方实施致歉言语行为既能平复自己的不安心理，又能满足受歉方的补偿需要。双赢致歉言语行为是致歉言语行为中的大部分情况。依据致歉方和受歉方之间的关系，我们将双赢致歉言语行为分为陌生关系的双赢致歉言语行为和熟识关系的双赢致歉言语行为。例如：

例（9）背景：电视剧《奋斗》（第二集）中，陆涛跟米莱分手后，米莱要去美国，陆涛去机场送她，向米莱致歉：

"米莱，对不起，我来送你，是我对不起你，祝你一切顺利。"（愧疚地低着头）

此例中，陆涛与米莱原本是恋人，而他突然移情别恋，喜欢上米莱的好朋友夏琳，这是极重的冒犯行为，所以他觉得很对不住米莱。米莱自然也很伤心，觉得陆涛背叛自己以及他与夏琳的交往都是对她极大的伤害，这也是她要去美国（离开伤心地）的一个原因。陆涛的致歉对双方的心理伤痛都是一种缓解和治疗。

例（10）背景：电视剧《奋斗》（第一集）中，高强在网吧玩游戏，突然停电，网吧老板出来道歉：

"对不起，对不起，实在是对不起。"（点头哈腰、结结巴巴地说）

此例中，网吧老板知道停电意味着网吧将无法营业，而且突然停电会影响网民们的兴致，甚至会有钱财损失，是件冒犯网民的事情。网吧老板担心当天的营业，同时也担心因当天的停电影响一些网民日后来他网吧消费的兴致。所以，他及时实施了致歉言语行为，希望能一定程度上满足网民们的补偿需要，并且尽量降低影响其网吧营业收入的风险。

以上两例分别是熟识关系的双赢致歉言语行为和陌生关系的双赢致歉言语行为。双赢致歉言语行为是以致歉方、受歉方双方都直接受益为言语效果的行为，是由冒犯行为引发的，这个冒犯行为是致歉方、受歉方双方都认可的冒犯行为，言语行为的直接效果是抵消或部分抵消受歉方、致歉方在身心舒适或财产上的消耗、损失。当然，这里的具体情况不一样，如例（9）是部分抵消致歉方的歉疚心理负担，例（10）是致歉方为了规避潜在的风险，继而平复其内心的不安。

四 虚拟致歉言语行为

此类对应于表4中D种情况，实施致歉言语行为不是为了平复致歉方的不安心理，也不是为了满足致歉方的补偿需要，也就是说实施此类致歉言语行为的交际意图并非致歉，而是其他的某种交际意图，即通过致歉言语行为的"形"去实施其他言语行为的"实"，这是种间接言语行为。例如：

例（11）背景：小说《杜拉拉升职记》中，胡总（杜拉拉所在公司的总经理）用脚摩挲杜拉拉的脚背，杜拉拉为了避免与胡总直接冲突，利用道歉来结束胡总的无礼行为。

"胡总，不好意思，我乱伸脚，碰到您了。"（假笑着）

此例中，杜拉拉应该是被冒犯者，但在职场的特殊环境下，面对胡总这个特殊身份的人，杜拉拉聪明的利用致歉言语行为，委婉而果断地制止了胡总的冒犯行为。这里表面上杜拉拉是实施了致歉言语行为，但实质上她实现了拒绝的言语效果。

例（12）背景：电视剧《北京爱情故事》（第五集）中，程峰陪沈冰去面试，面试之后程峰要求沈冰请他吃饭，沈冰说：
"今天浪费你一上午的时间，真是不好意思。"

此例中，沈冰没有去接程峰要求请他吃饭的话茬儿，而是实施了一个致歉言语行为，既是对程峰花了一上午时间陪她面试的行为表示感谢，也是对程峰提出的一起吃饭要求的委婉拒绝，其中的"真是不好意思"可谓是一语双关。

以上两例均为虚拟致歉言语行为，致歉言语行为有其"形"无其"实"。对致歉方来说，他（她）实施致歉言语行为前并未造成冒犯行为，也没产生歉疚心理，所以真实的致歉言语行为无从引发，实施完的致歉言语行为对致歉方和受歉方都没有补偿效果，所以这个致歉言语行为是虚拟的。致歉方是利用它实现拒绝、致谢、请求等其他的交际意图。虚拟致歉言语行为的存在是语言使用者灵活运用语言的表现，是其娴熟、高超言语能力的体现。

相对于此类虚拟致歉言语行为，前三类可称为真实致歉言语行为，本书重点关注真实致歉言语行为。

综上所述，真实致歉言语行为的相关情况如表 5 所示：

表 5　　　　　　　　真实致歉言语行为的相关情况

致歉言语行为类型		引发原因					补偿目的			
		冒犯行为			歉疚心理			抵消损失		补足缺欠
		a	b	c	①	②	③	受歉方	致歉方	双方	
利人致歉	精神补偿的（B1）		√					√			
	物质补偿的（B2）		√					√			
利己致歉	规避风险的（C1）	√							√		
	缓解歉疚的（C2）				√	√或√			√		
							√				√

续表

致歉言语行为类型		引发原因					补偿目的			
		冒犯行为			歉疚心理			抵消损失			补足缺欠
		a	b	c	①	②	③	受歉方	致歉方	双方	
双赢致歉	陌生关系的（A1）	√			√					√	
	熟识关系的（A2）	√			√					√	

注：表中"冒犯行为"下的 a、b、c，"歉疚心理"下的①、②、③含义均与前文所述内容对应。

第二章

致歉言语行为的行为结构

致歉言语行为首先是一种行为,行为必然存在行为主体、行为目的、行为方式等因素,所以,致歉言语行为包括致歉主体、致歉意图、致歉形式等因素。依照 Talmy 的定义是:"……被一起激活或被互相激活的一组概念成分及相互关系,它可以被认为存在于一个事件框架中或构成了一个事件框架,而那些被认为是次要的成分——不管它们是被微弱地激活或根本未激活——则在该事件框架之外。"[1] 事件框架是表述事件的心理格式塔形式,其内部各种概念结构之间存在语义连贯性。致歉言语行为虽然有丰富多变的语言表达形式,但它们都是致歉方由于某个原因向受歉方表达歉意的言语过程,这个过程始终在致歉行为框架内进行。我们认为致歉言语行为[2]的行为框架可如图 2 所示:

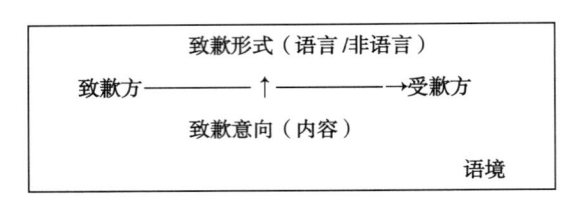

```
┌─────────────────────────────────┐
│       致歉形式(语言/非语言)      │
│ 致歉方 ────── ↑ ──────→受歉方    │
│       致歉意向(内容)            │
│                          语境   │
└─────────────────────────────────┘
```

图 2

在致歉言语行为中,以上各种因素除了具有一般行为因素的共性,还具有致歉言语行为所赋予的特性。下面我们逐一论述。

---

[1] 转引自 [德] 弗里德里希·温格瑞尔、[德] 汉斯—尤格·施密特《认知语言学导论》(第二版),彭利贞、许国萍、赵薇译,复旦大学出版社 2009 年版,第 247 页。

[2] 此处的致歉言语行为是狭义的,即直接、明确表达致歉意图的直接致歉言语行为。

第一节　致歉主体

　　致歉主体是致歉言语行为的实施者和接受者，分别是致歉方和受歉方。致歉主体首先是社会主体，社会主体因为处于复杂的社会关系中，具有社会所赋予他（她）的一系列身份特征，这些身份特征使该主体是独特的，有别于其他主体。主体的这些特征是其在社会这个大舞台上的角色特征，即其"社会角色"，由其职业、职务、性别、出身、年龄、性格以及收入、经历、思想、修养等构成。主体的社会角色是相对固定的，会影响致歉主体的言语习惯，形成其特定的言语风格，如在遣词造句上、语气语调的使用上、体态表情的附加上等表现出的个人风格、特点。其次，致歉主体是交际主体。交际是主体基于某种交际意图临时构建的人际活动。在交际中，主体具有交际角色，交际角色是依赖于具体的交际情境而存在，离开具体的交际情境则不必存在。所以，交际角色是临时具有的。"主体的交际角色是由交际情境确定的，因此对交际活动的时机、场合、对象的认识和对交际方式的选择，实际上就是对自己交际角色的定位。合理定位交际角色，并据此选择适当的交际方式，是主体交际能力的重要表现，也是交际成功的关键。"[1] 致歉主体的社会角色形成个人的言语风格，致歉主体的交际角色决定其交际方式和交际效果，但两种角色并非各行其道，而是有着一定的相互影响，"这是因为沟通是交际双方共同的事，为此，彼此在思想上都应该向对方靠拢。如果交际中的一方坚守自己的立场，过分张扬自己固有的身份特征，往往会使对方觉得没有亲近感，很难认同和理解，也很难取得沟通，这就必然导致交际失败。要解决这一问题，恰恰需要主体淡化社会角色意识，强化交际角色意识；着眼于具体的交际情境，而不是自己的身份特征，主动接近对方，尽快取得对方的认同，这是取得交际成功的手段之一"[2]。在致歉言语行为中，特别需要这种角色调整的手段，因为受歉方对致歉方认同与否将影响致歉成功与否。

---

[1]　花咏：《试论言语交际过程中主体角色的双重性》，《暨南大学华文学院学报》2002年第2期。

[2]　同上。

例（1）背景：在位近 60 年的维多利亚女王曾把大英帝国的繁盛推向巅峰，但在家庭关系上也难免有些磕磕碰碰。1840 年 2 月，女王和阿尔巴特结婚。一天，两人为一件小事而拌嘴，阿尔巴特一气之下跑进私室，紧闭门户，于是，女王前去叩门。

"谁？"阿尔巴特在房间里问道。

"英国女王。"

屋内寂静无声，房门紧闭如故。接着，女王又轻轻地在门上叩了几下。

"谁？"

"是您的妻子，阿尔巴特。"

女王的丈夫这才把门打开。①

在上例中，维多利亚的社会角色是"英国女王"，交际角色是致歉方。在夫妻拌嘴之后，维多利亚主动向丈夫示好，具有致歉的成分，起初以社会角色进行，结果交际失败了。后来，及时调整了角色，成功地展开了交际。

一 致歉方

致歉方是致歉言语行为的实施者，作为致歉主体之一，是具有社会角色和交际角色的复合体。社会角色是致歉方固有的，交际角色是致歉方临时获得的，也就是说"致歉方"这一交际角色是在某一个具体的致歉言语行为中才有的。在致歉言语行为中，致歉方为了获得致歉的成功，应该尽量淡化其社会角色，突出其交际角色。我们关注的致歉方首先是一个成熟的语言使用者，具有基本的推测、评估、发话和交流能力。其次，致歉方所具有的社会角色赋予了他（她）某种存在方式，这种存在方式将带给主体一定量的"面子"。按照认知语言学的观点，人体是一种"容器"，我们认为致歉方是盛有一定量"面子"的主体。再次，致歉行为的发生是由冒犯行为引起的，两种行为具有连续性，即致歉方是由冒犯方转换交际角色而来的。在冒犯行为中，致歉方（冒犯方）给对方造成了某种损

---

① 转引自花咏《试论言语交际过程中主体角色的双重性》，《暨南大学华文学院学报》2002 年第 2 期。

失或伤害，对对方存在某种亏欠或歉疚感。

二　受歉方

受歉方是致歉言语行为的接受者，作为致歉主体之一，也是社会角色和交际角色的复合体。受歉方的社会角色也是固有的，交际角色也是临时的。我们关注的受歉方首先也是一个成熟的语言使用者，具有基本的识别、判断、推理和反馈的能力。其次，受歉方所具有的社会角色也赋予了他（她）一定的存在方式，这种存在方式也使受歉方盛有一定量的"面子"。再次，受歉方是由被冒犯方转换交际角色而来，在冒犯行为中，受歉方（被冒犯方）因受到某种程度、某种性质的冒犯，原有的"面子"遭受一定的损失，具有获得补偿的需求。

第二节　致歉意图

致歉意图是致歉言语行为的核心，是致歉言语行为的出发点，也是致歉言语行为的回归点。我们认为只有致歉方的致歉意图被受歉方完全理解和接受，并且受歉方表示了对致歉方的谅解，致歉言语行为才是完全成功的。如果受歉方没有理解致歉意图，或者理解了致歉方的意图却因为致歉并未使自己满意而不能谅解致歉方，那么我们认为这个致歉言语行为是失败的或者是不完全成功的。可见，致歉意图的实现与否是评价致歉言语行为成功与否的最重要标准。

一　致歉意图的产生

致歉意图是致歉方真诚实施致歉言语行为的内在动机，致歉动机源于致歉方欲满足在冒犯行为中双方所产生需求的需要，即被冒犯方有补偿"面子"损失或财物损失的需求，冒犯方有平复内心不安的需求。

（一）关于致歉意图成因的问卷调查和分析

1. 调查问题和结果

问题：作为致歉方，请列举促使你向别人致歉的原因。[①]

[①] 为了研究当前人们对致歉的认知心理，我们首先查阅了国内外大量有关致歉研究的文献

这里列举的调查结果是依照受试回答出的较典型答案所作的初步整理而得。

(1) 本人确实做错了事情。　　　　　　　　　　　　　177人次
(2) 没有实现对人的承诺。　　　　　　　　　　　　　22人次
(3) 做了对不起对方的事。　　　　　　　　　　　　　17人次
(4) 自己的行为造成对方的不便，带给别人麻烦。　　　14人次
(5) 错怪了别人。　　　　　　　　　　　　　　　　　9人次
(6) 做事不周到，欠考虑。　　　　　　　　　　　　　6人次
(7) 影响他人原本正常的生活。　　　　　　　　　　　3人次
(8) 迟到，碰到别人，踩到别人脚等。　　　　　　　　2人次
(9) 忘记了某件事。　　　　　　　　　　　　　　　　5人次
(10) 给别人造成了心理或生理上的伤害。　　　　　　52人次
(11) 有损别人的物质利益。　　　　　　　　　　　　33人次
(12) 觉得对方难过、伤心的时候。　　　　　　　　　15人次
(13) 因为对方是自己重视的人（爱人、近亲等）。　　11人次
(14) 对方很生气。　　　　　　　　　　　　　　　　4人次
(15) 对方是长辈、前辈，无条件道歉（即使不是我的错儿，等其情绪平复后再解释）。　　　　　　　　　　　　　　　　　　3人次
(16) 内心愧疚（自责）。　　　　　　　　　　　　　68人次
(17) 做错了事情，我心中不安，道歉是一种排解方式。　22人次

资料，尚未发现关于致歉动因的调查研究。随后，我们与10名在校大学生进行了座谈，了解他们对致歉动因的认知状况，再结合我们的言语经验和研究目的，初步设计出调查问卷。然后，在沈阳师范大学随机选择50名大学生作了测试调查，检验问卷题干的明晰度和所设问题的有效度。最后，择定最有效度的四道题目，分布在两套试卷中，每份试卷有两道开放式题目，要求受试以不同的主体角色（致歉方和受歉方）在10分钟之内完成作答。接受调查的受试共520人，分别来自沈阳师范大学、大庆师范学院、辽宁经济管理干部学院三所高校及社会上随机选择人员，其中沈阳师范大学140人（汉语言文学师范专业80人、物理教育专业60人），大庆师范学院120人（化学教育专业40人、对外汉语专业40人、市场营销专业40人），辽宁经济管理干部学院120人（旅游专业40人、文秘专业40人、韩语专业40人），社会上随机选择人员140人。调查对象所学专业分布较广；来自全国多个省市，地区分布较广；受试年龄在20—60岁之间；基本都接受过高中程度以上的教育，具有足够的文化素养和理解、表达能力，是相对成熟、比较合格的语用主体。因此，他们具有一定的代表性。我们按照学校、专业、年级为限定条件，将三个学校的调查对象平分成两组，社会上随机选择人员依据年龄条件平分成两组，其中一组作为致歉方接受调查，另一组作为受歉方接受调查。后面开放式问题调查情况均同此。

（18）觉得对别人有歉意。　　　　　　　　　　　　　　9 人次
（19）想取得别人的原谅。　　　　　　　　　　　　　　8 人次
（20）我真的做得不对，并且给他人带来困扰，我需要对他人有所表示。　　　　　　　　　　　　　　　　　　　　　　　　　　3 人次
（21）因为自己的原因，没能达到要求的程度。　　　　3 人次
（22）防止关系恶化，维护良好的人际关系（珍惜情谊）。 14 人次
（23）渴望与被道歉人交好。　　　　　　　　　　　　8 人次
（24）不想把事闹大，将错误揽于己身，大事化小，小事化无。
　　　　　　　　　　　　　　　　　　　　　　　　　　7 人次
（25）想和对方解除误会，不希望因为这件事让彼此间有隔阂。
　　　　　　　　　　　　　　　　　　　　　　　　　　4 人次
（26）我们的关系变僵了。　　　　　　　　　　　　　2 人次
（27）出于礼貌和尊重的原因。　　　　　　　　　　　10 人次
（28）一种好习惯（"对不起"可以缓解很多尴尬的事儿）。 4 人次
（29）懂得道歉是一个人道德、修养的展示，我们应该保持这样的做人标准。　　　　　　　　　　　　　　　　　　　　　　　8 人次
（30）为了调解人的面子。　　　　　　　　　　　　　1 人次
（31）外人的监督和态度，别人在看着你。你做错了就得道歉。
　　　　　　　　　　　　　　　　　　　　　　　　　　1 人次
（32）道歉后事情会有转机，不会更坏。　　　　　　　1 人次
（33）为了亲人、朋友，向别人道歉。　　　　　　　　1 人次
（34）别人对我的提醒（第三方）。　　　　　　　　　1 人次

2. 调查结果分析

作为致歉方的主体，他（她）的致歉意图成因有很多，但主要归结为以下五个方面（参见图 3）：

第一，源于冒犯事实的动因。

这是最集中，也应该是最重要的动因，有 98% 的受试者列举了此动因，从（1）到（9）都是此类动因，共 255 人次。如"本人确实做错了事情""没有实现对人的承诺""自己的行为造成对方的不便，带给别人麻烦"等都是此类原因的代表。致歉方对"源于冒犯事实的原因"高度重视，也体现出内心高度的责任感，为"自己的错误行为"负责的态度。

第二，源于致歉方内心歉疚的动因。

有43.5%的受试者列举了此动因,从（16）到（21）都是此类动因,共113人次。如"内心愧疚、自责,对别人有歉意""做错了事情,我心中不安,道歉是一种排解方式""想取得别人原谅"等都是有代表性的动因。致歉方能"扪心自问",按"内心"的感受实施致歉言语行为,将自然而然地流露出真心、诚意,是其具有羞耻心的体现。而且内心促动是致歉方实施致歉言语行为的内因,我们知道,内因是事物的决定性因素,是事物发展的根本原因。

第三,源于考虑受歉方感受的动因。

有45.4%的受试者列举了此动因,从（10）到（15）都是此类动因,共118人次。如"给别人造成了心理或身体上的伤害""觉得对方伤心、难过的时候""因为对方是自己重视的人"等都是出现频率较高的动因。致歉方能考虑到受歉方的感受,是其具有同情心的体现。

第四,源于维护双方人际关系和谐的动因。

有13.5%的受试者列举了此动因,从（22）到（26）是此类动因,共35人次。如"防止关系恶化,维护良好的人际关系（珍惜情谊）""渴望与被道歉人交好""不想把事情闹大,大事化小,小事化了"等都是有代表性的动因。致歉方对双方人际关系和谐的重视体现出汉民族社会"和为贵"的传统文化精神。

第五,源于社会规范制约的动因。

有8.5%的受试者列举了此动因,从（27）到（29）是此类动因,共22人次。如"出于礼貌的原因""懂得道歉是一个人道德、修养的展示,我们应该保持这样的做人标准"等是有代表性的动因。致歉方对社会规范的认可、服从,体现出其"知礼行礼"的文明素养。

以上五方面动因是我们依据调查结果所做的分类,也有一些个别动因没再单独成类,如"别人对我的提醒""外人的监督和态度,别人在看着你,你做错了就得道歉""道歉后事情会有转机,不会更坏""为了亲人、朋友,向别人道歉"等。当然,人们产生致歉意图,往往不只是单一的动因,可能是多个动因的综合促动。

五个动因中第一、第二是源于致歉方的动因,是相对直接的动因,第三、第四、第五这三个动因是源于致歉方以外的动因,是间接的动因。其中,"源于冒犯事实"是最重要、最核心的动因,因为,致歉方的歉疚心理是因为自己的冒犯行为,或者即将实施的冒犯行为,或者自认为的冒犯行为所引发的；受歉方的心理不快是冒犯行为所导致的；双方的人际关系不和谐是冒犯行为造成的；有违于社会规范是冒犯行为的表现。所以，促动致歉方产生致歉意图的最根本原因是冒犯行为。

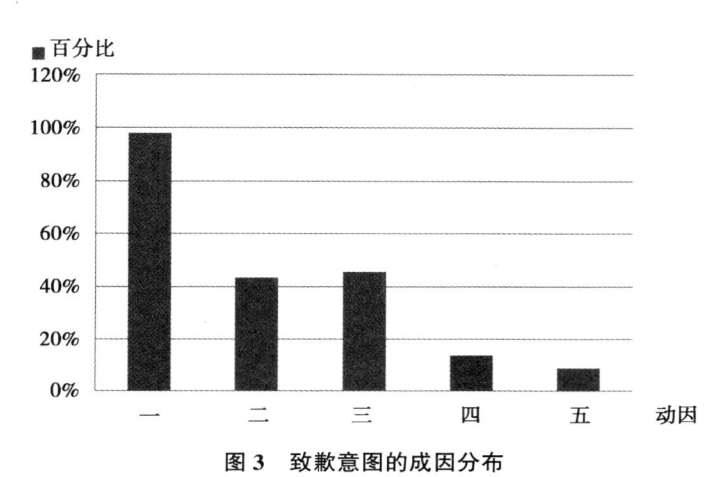

图 3 致歉意图的成因分布

（二）冒犯行为认定

冒犯行为的发生打破了交际双方人际关系原本的相对平衡，使交际双方原本存在的相对稳定的人际关系发生变化，趋于利于冒犯方，不利于被冒犯方，因为冒犯行为的发生，无论冒犯方的利益是否增长，被冒犯方的利益一定是损失的，至少会在心理层面上产生心理舒适度的降低，甚至有些冒犯行为会使被冒犯方产生身体舒适或财物利益上的损失。我们认为，对冒犯行为的认定有两条标准（见表6）。第一条标准是从被冒犯者的角度来认定，这是最重要的标准，被冒犯者的感受对于某个具体行为是否构成冒犯起着决定性作用。被冒犯者所把握的标准主要来源于两种渠道：对所在社会群体道德行为准则的习得、认可和个人生活、成长的特殊经历的感触。被冒犯者在执行所把握的标准时，也会在某种范围内有所波动，也就是存在宽松、常态、严格的细微差别。第二条标准是从冒犯者的角度来认定，这是辅助的标准。冒犯者所把握的标准也主要来源于两种渠道：即对所在社会群体道德、行为准则的习得、认可和个人生活、成长的特殊经历的感触。虽然冒犯者和被冒犯者的认定标准来源渠道是一样的，但是由于每个主体对所在社会群体道德、行为准则的习得、认可具体情况不同以及个人生活、成长的特殊经历不同，所以，他们所把握的具体标准之间一定存在差异。当冒犯者发现自己的标准不及被冒犯者的标准或者宽于被冒犯者的标准时，冒犯者往往会出于对被冒犯者需求或自我"形象管理"的考虑，及时调整所把握的标准或者严格执行所把握的标准。当然，当冒犯者的标准高于被冒犯者的标准或者严于被冒犯者的标准时，冒犯者往往会获得被冒犯者更好的回馈和更深的谅解，从而实现自我"形象管理"。

冒犯行为的发生将使受冒犯方（受歉方）产生某种补偿的需要，使冒犯方（致歉方）产生平复心理上不安的需要，双方的人际关系有被修复的需要，这些需要将促使冒犯方（致歉方）产生致歉的动机，形成致歉意图。

表6　　　　　　　　　　冒犯行为的认定标准

角度	判定标准生成渠道	标准地位	标准间的不对称性
被冒犯者	①对所在社会群体道德行为准则的习得、认可 ②个人生活、成长的特殊经历的感触。	重要标准	高	低
冒犯者	①对所在社会群体道德、行为准则的习得、认可 ②个人生活、成长的特殊经历的感触。	辅助标准	低	高

二　致歉意图的结构

"交际意图由两部分组成：意向和意向内容。意向决定了交际意图的性质，意向内容是某种性质意向的具体对象。我们用下面的图式来表示交际意图的结构：意向［X］。"[①] 那么，致歉意图的结构是：致歉［X］。这个图式表示：致歉方有关于"X"的致歉意向，"X"是致歉的内容。意向是常项，是个元素非常有限的集合，意向内容是变项，是个元素无限的集合。我们认为致歉意图结构是一种认知图式。"图式是整体主义的认知模式，所谓整体主义就是人们对对象的认知不是单纯地以部分到整体的分析模式，还利用人们业已形成的有关事物对象的整体经验模式认知对象。"[②] 在理解上，致歉意图作为一个整体，致歉意向及意向内容都是存在的，但在具体的致歉言语表达上，如何表现致歉意图结构具有一定差别。如：

[①] 吕明臣：《话语意义的建构》，东北师范大学出版社2005年版，第76页。
[②] 同上书，第36页。

例（2）对不起，迟到了。

此例中，致歉方使用致歉标志语"对不起"表达了致歉意图的意向部分，同时也表达了致歉意图的意向内容部分——我迟到了。我们知道，意向和意向内容是交际意图中两个不同成分，所以它们可以易位，此例能调整语序，还可以表达为"我迟到了，对不起"。

例（3）A：对不起！
　　　　B：没关系。

此例中，致歉方（A）仅使用标志语"对不起"表达了致歉交际意图的意向部分，从受歉方（B）的应答看，这是一次成功的致歉交际行为。受歉方之所以对致歉方的致歉给予谅解，因为他（她）是从致歉交际的整体角度分析、理解致歉方的致歉言语行为的，在双方共知的情境中，受歉方知道致歉方因为什么致歉，即知道致歉的意向内容。所以，我们说在致歉意图的实现过程中，如果意向内容是双方共知的信息，那么在落实交际意图的言语表达上允许只表达意向部分。

例（4）迟到了。

此例中，致歉方只表达了致歉意图中的意向内容部分，没有表达意向部分。此时，受歉方可以通过关注致歉方的语气、表情等体会到致歉意向。可见，致歉意向除了可以用标志语表现，也可以用语气和非语气方式等手段表现。

据我们的言语经验可知，致歉意向是使用致歉标志语来标识，意向内容是个变项，没有惯用的标识语，但有关意向内容的表述是引发致歉言语行为的原因，基本上是已然事实。这里我们重点关注致歉意向的标志语。

三　致歉意向的标志语

致歉标志语是能体现致歉交际意向的词或短语，包括施为动词和人们习以为常的惯用语。施为动词是其所在语句要表达的言语行为或施为用意的名称或标签，即有什么样的施为动词就有什么样的言语行为。① 致歉言语行为的施为用意就是表达歉意，从我们的语用经验中，例举有代表性的表达歉意情感的词语有：赔罪、道歉、对不起、抱歉、不好意思，其中赔罪、道歉、抱歉、某些条件下的"对不起"均是动词，不好意思和某些条件下的"对不起"是惯用语。以上五个词语都能直接而明确地表达出致歉意向，实施致歉言语行为，但他们之间也存在一定差别，我们先来观察他们之间语义及差别。

我们查阅了几部重要的工具书，如《汉语大词典》②、《应用汉语词典》③、《现代汉语词典》（第六版）④ 等，对赔罪、道歉、对不起、抱歉、不好意思的释义分别对应如下：

（一）赔罪

赔罪：向人赔礼道歉。例："明天用红烛——要一斤重的——对，香一对，到赵府上去赔罪。"（鲁迅《呐喊·阿Q正传》）（罗竹风等，1992：27）

赔罪：［动］因得罪了人而求人原谅。例："他自知做错了事，主动向小刘赔罪。"（商务印书馆辞书研究中心，2000：950）

赔罪：［动］得罪了人，向人道歉。（中国社会科学院语言研究所词典编辑室，2012：978）

（二）道歉

道歉：表示歉意，认错。例："有时候随着个姑娘在人群里挤，踩着了老太太的脚尖也顾不得道歉，一个劲往前赶。"（老舍《二马》）（罗竹风等，1992：1083）

道歉：［动］向人表示歉意或向人认错。例："事先没来得及打招呼，现在向您道歉。"（商务印书馆辞书研究中心，2000：250）

道歉：［动］表示歉意，特指认错。（中国社会科学院语言研究所词典编辑室，2012：269）

---

① 何自然、陈新仁：《当代语言学》，外语教学与研究出版社2002年版，第61页。
② 罗竹风等：《汉语大词典》，汉语大词典出版社1992年版。
③ 商务印书馆辞书研究中心：《应用汉语词典》，商务印书馆2000年版。
④ 中国社会科学院语言研究所词典编辑室：《现代汉语词典》（第六版），商务印书馆2012年版。

（三）对不起

对不起：对人有愧。常用为表示歉意的套语。例："王大夫，真是对不起您，这样大的风雪，黑更半夜把您惊动起来。"（管桦《女民警》）（罗竹风等，1992：1295）

对不起：①［动］辜负人或对人有愧。例："这任务完不成，对不起人民对不起党。/不能干那种对不起朋友的事。" ②［动］<谦>表示抱歉的话。例："对不起，让您久等了。/对不起，请您再说一遍，好吗？"以上也说对不住。（商务印书馆辞书研究中心，2000：306）

对不起：［动］对人有愧，常用为表示抱歉的客套话：对不起，让您久等了。也说对不住。（中国社会科学院语言研究所词典编辑室，2012：328）

（四）抱歉

抱歉：心中不安，觉得对不起人。例："大师兄，这两天短看你们，十分抱歉！"（老舍《神拳》）（罗竹风等，1992：493）

抱歉：［动］客气话。觉得对不住别人而感到不安。例："对刚才发生的事，我感到很抱歉。/十分抱歉，我忘了把你要的书带来。"（商务印书馆辞书研究中心，2000：52）

抱歉：［动］心中不安，觉着对不住别人：因事负约，深感抱歉。（中国社会科学院语言研究所词典编辑室，2012：50）

（五）不好意思

不好意思：害羞；难为情。例："有是有的，不过只有一半，对不住你老，叫我怪不好意思的。"（《官场现形记》）（罗竹风等，1992：411）

不好意思：［俗］①羞涩、害羞。例："她第一次在这么多人面前讲话，有点儿不好意思。" ②因碍于情面而不便开口。例："一听说这件事跟自己有关，就不好意思再问了。" ③客套话。表示自己感到难为情。例："不好意思，那我就先吃了。"（商务印书馆辞书研究中心，2000：107）

不好意思：①害羞；难为情：他被大伙儿说得不好意思了。②碍于情面而不便或不肯：虽然不大情愿，又不好意思回绝。（中国社会科学院语言研究所词典编辑室，2012：108）

以上五个词语从词典中的释义来看，属于近义词，但仔细辨别这些释义能够发现它们在语义程度上的差别。

"赔罪"中"赔"是向受损害或受伤害的人补偿,"罪"是过失、过错或者作恶、犯法的行为。可见,赔罪一词具有[补偿]、[罪过]的语义特征,是弥补冒犯或损害受歉人比较严重的行为时所用的致歉词语。

"道歉"中"道"是用语言表示,"歉"是对不住人的心情。可见,道歉一词具有[表达]、[愧疚]或[承认]、[过失]的语义特征,是用语言明确表示出对不住人的心情,所以语义色彩比较正式,多是弥补致歉方因实质过错冒犯了对方时所用的致歉词语。

"抱歉"中"抱"是心里存着,"歉"是对不住人的心情。可见,抱歉一词具有[怀有]、[愧疚]的语义特征,就是心里存着对不住人的心情。心中有但未必明确表达出来,"抱歉"的致歉语义程度要低于"道歉",有趋于通用道歉用语的态势。

"不好意思"是一种害羞、难为情的心理状态,引起这种心理状态的原因很多,如有了过失或有失礼节会让人"难为情",但这种心态是否达到"感觉对不住人"的程度还有待评估,多数情形都应是致歉方自我心态的描述,并未达到"感觉对不住人的"的程度,所以,不好意思具有[害羞]的语义特征,致歉语义程度要低于抱歉。

"对不起"由于已成为表达歉意的套话,是汉语中通用型的道歉用语,特别是在口语中使用频率极高,语义范围也较大,语义程度从轻到重都有分布,但其语义程度也没有"赔罪"高。"对不起"表达了一种对人有愧的心理状态,"有愧"可以是因小事而起,也可以是因大事而起,所以感到"对不起"的事情可以是日常生活中的小事,如认错人、坐公交车挤到别人、打断别人说话等,也可以是后果严重的大事,如开车撞伤了人、使人受到名誉损失等。

表7　　　　　　　　常用致歉意向标志语的语义特征

致歉意向标志语	语义特征
赔罪	[补偿]、[罪过]
道歉	[表达]、[愧疚] 或 [承认]、[过失]
抱歉	[怀有]、[愧疚]
对不起	[承认]、[过失]、[有愧]
不好意思	[害羞]

从语义特征上（见表7）比较，五个致歉标志语的语义程度差别大致表现为：赔罪>道歉>对不起>抱歉>不好意思。除了以上五个有代表性的致歉施为词语外，致歉言语行为中还有其他施为词语，与以上五个语义相近，如"谢罪、赔不是、赔情、赔礼"与"赔罪"相近；"致歉"与"道歉"相近；"对不住"与"对不起"相近；"抱疚，抱愧"与"抱歉"相近。只不过它们在语体色彩和细微用法上有些差别，这里不再一一阐述。

此处强调一下，当利用致歉标志语及其相关变体来表达意向时，如用"对不起"标识致歉意向，我们是在某个具体情境下选择了"对不起"这个词来标识致歉的意向，但并不意味着，致歉意向永远是"对不起"来标识，也不意味着"对不起"永远是致歉意向标志，要视具体的语用情境来判定。此外，致歉意向有时使用语言形式来明确标识，有时不使用语言形式来标识，这些丰富多变的语用情况需要我们在所掌握的致歉行为框架下去做具体的推理、判断。

四 "对不起"的语用辨析

现代汉语中，"对不起"是最常用的致歉语，也是重要的礼貌语之一。我们通过观察从北京大学中国语言学研究中心（CCL）语料库中搜索到的2552条"对不起"的口语语料，发现"对不起"除了主要实施致歉言语行为外，还参与其他多种言语行为的实施。下面结合具体例子分别予以辨析。

（一）"对不起"实施直接言语行为

"对不起"实施的直接言语行为就是致歉行为。前文的工具书释义表明"对不起"的基本词义是"对人有愧"，是种抱歉的心态，之所以抱歉往往是因为冒犯了别人或者辜负了别人。当一个人向别人表达抱歉的心态，就表明他已意识到冒犯别人的事实，而当今文明社会的行为准则之一是任何人冒犯了别人都有责任向人致歉，所以一个人表达抱歉的心态也就是在实施致歉行为。这种言语表达被人们高频使用后，逐渐就被规约化，并进一步语义化，"对不起"也从句法成分中独立出来直接实施致歉行为，引申出了致歉语义。这种现象与语言的"象似性原则"是相符的：一个人或物在言谈提供的信息中越是重要或越是显著（salient）就越倾向于用一个独立的名词来指称它。① 我们认为如果不否认"致歉行为"也是一个重要对象,那么用一个动词"对不起"来独立完成它也顺理成章。例如:

例(5)"对不起,让您们久等了。我们正忙着把高级计算机管理人员请到市场来。"(《1994年报刊精选》)

例(6)还没有等到天亮,当地抢粮的群众又扛着粮食、干菜送回车站。一些老乡拉着押车战士的手说:"同志啊,对不起,我们真该死,不知道你们断粮已经几天了,我们有罪啊……"(徐剑《中国战略导弹部队的诞生》(下))

例(7)他双眼流泪,喃喃地说:"船长,我耽误了你的时间,真对不起。"(《读者》(合订本))

"对不起"实施致歉言语行为是人们习以为常的,这里不再赘述,下面重点讨论"对不起"实施的间接言语行为类型。

(二)"对不起"实施间接言语行为

说话人通过说"对不起"这个致歉语来实现其他言语行为,这是实施间接言语行为的过程。Searle 认为,在间接言语行为中,说话人之所以能传达出多于或有别于话语字面意义的含义,他所依靠的是他和听话人之间的共有知识,这其中包括语言和非语言信息,以及听话人所具有的一般的分析和推理能力。② "对不起"只是个致歉的语言形式,在具体交际中有没有致歉的语用含义,还要取决于说话人和听话人双方各自的判断。对于说话人,意识到自己的言行冒犯了对方或将会冒犯对方,此时使用"对不起"就具有致歉语义;对于听话人,认为对方的言行冒犯了自己,他会把"对不起"认同为致歉,如果认为对方的言行没有冒犯自己,他会把"对不起"认同为礼貌或其他的语用含义。可见,"对不起"实现致歉言语行为是无标记的,实现其他言语行为是有标记的。以日常生活中的拒绝行为为例,说话人说了"对不起"实施拒绝,听话人往往就会倾向于说话人的拒绝没有对自

---

① 沈家煊:《不对称和标记论》,江西教育出版社1999年版,第256页。
② 何自然、陈新仁:《当代语用学》,外语教学与研究出版社2002年版,第66页。

己构成冒犯，不需要致歉，而说话人没有说"对不起"类的话，直接实施拒绝，听话人往往就会倾向于说话人的拒绝对自己构成冒犯，需要致歉。可见，说话人判断是否冒犯主要注重行为本身，听话人判断是否冒犯不仅注重行为本身，而且还关注实施行为过程中的礼节。失礼就是一种实质性的冒犯。所以，中国有句古话"礼多人不怪"。人际交往中，说话人为了和谐的人际关系、为了体现自身的礼貌素养，也往往会倾向于多使用"对不起"等的礼貌语言实现自己的交际意图，特别是在实施容易造成冒犯的行为或者有违社交礼仪规范的行为时。如果使用了"对不起"但不是实现致歉行为时，更多的是表现礼貌的语义。

我们根据语料的具体表达判断说话人的交际意图，从而理解"对不起"所实现的言语行为。交际意图是整段话语的，"对不起"作为话语的一部分，要对话语的整体功能起作用，同时，话语的整体功能也会制约其中的"对不起"的语义表现。"对不起"实施间接言语行为的具体情况如下：

1. 拒绝

例（8）其中有一个回过头来，不客气地说："对不起，我们带的食物连自己都不够吃。"（朱邦复《东尼！东尼！》）

例（9）"哦，对不起，我不能喝酒。"（胡辛《蒋经国与章亚若之恋》（连载之十五））

说话人在听话人提出请求、建议或赠与等行为后，产生拒绝意图，但并未直接实施拒绝行为，而是实施了致歉行为。听话人接收到说话人的话语，字面意义是致歉，但根据当时的语境条件说话人没必要致歉，听话人再结合说话人的其他话语内容，推理得知说话人的交际意图是拒绝。（以下间接实施的行为，推理逻辑与此类似，不再重述。）当然，在某些特殊情境下，拒绝言语行为中的"对不起"仍有致歉乃至有愧的语义，比如拒绝了好朋友的求助、拒绝了自己应尽的义务等。我们在这里所要强调的是"对不起"存在参与拒绝意图的实现或者甚至直接实现拒绝意图的语用情况，比如，在某些情境中，只说"对不起"就是在实施拒绝行为，这一点是成熟的汉语使用者都有的语言经验。此种语境中说"对不起"

相当于说"不、不能、不可以"。

2. 否认

例（10）"对不起，史密斯先生，情况可并不是像你说的那样，我可以给你看你寄来的订单。"（《读者》（合订本））

例（11）"我坚决不同意把唐元豹同志骗了。诸位，我白某横行天下数十年，自认也是个心狠手辣的，但这事，对不起，我觉得恶心，我觉得太过分了。"（王朔《千万别把我当人》）

说话人在听话人提出与自己的意见、观点不一致的某种建议、观点等情况后，通过致歉行为实施否认行为，降低观点不一致的冲突程度。此种语境中说"对不起"相当于说"并非你所说的、所认为的情况"。

3. 提醒

例（12）如果有人偶尔站错了地方，就会有人善意提醒："对不起，请到后边排队！"（《1996年人民日报》）

例（13）"对不起，里边正在抢救，请您克制一下暂且先回避。"（李砚春、王毅《一场走向死亡的婚外恋》）

当某人的言行偏离了正确的方向和规范需要被提醒时，说话人实施致歉行为完成对听话人的提醒，可以实现善意和委婉的表达。此种语境中说"对不起"相当于说"请注意"。

4. 告知（坏消息）

例（14）"对不起，经理一早去了香港，要到晚间才能回来。"（《1994年报刊精选》）

例（15）"对不起，现在轮到你了，"他干涩地说，"从此，杀手只有我一个。"（廉声《月色狰狞》）

人们都希望得到对自己有利的信息，不希望得到对自己不利的信息。当说话人不得不向听话人提供不利信息时，先表示歉意，以表达同听话人站在同一立场，感同身受，有同情的意味。此种语境中说"对不起"相当于说"很遗憾"。

5. 命令

> 例（16）"对不起，同志，我们想检查一下你的包。"（贤文《天安门广场的守护神》）
>
> 例（17）被领导执纪队的副厂长宋玉洛"逮"住了。"对不起，老总，请到我办公室里去一趟。"（《1995年人民日报》）

生活中命令是非常生硬的行为，为了人际关系的和谐，人们都尽量避免直接实施此种行为。说话人通过实施致歉行为完成命令行为，有"先礼后兵"的含义。听话人通过推理得到这个言外之意，所以要绝对执行命令。此种语境中说"对不起"相当于说"必须按我说的做"。

6. 驱逐

> 例（18）一会儿，服务小姐道："对不起，该下班了。"我一看表，离下班时间还有半小时。（《1995年人民日报》）
>
> 例（19）"对不起，我想请你们离开这里。"（卫慧《上海宝贝》）

生活中"驱逐"是很不礼貌的行为，甚至是种冲突性行为，说话人通过实施致歉行为实现驱逐，能减少听话人面子损失，降低不礼貌程度，缓和冲突。此种语境中说"对不起"相当于说"马上离开"。

以上拒绝、否认、提醒、告知（坏消息）、命令、驱逐六种言语行为都是生活中对听话人而言有负面倾向的行为，或者面子受损、或者心灵受伤、或者自由受限。"趋利避害"是人的天性。如果说话人直来直去地表达这六种行为，很可能造成尴尬局面，甚至矛盾冲突，形成对听话人的直接冒犯，让听话人不高兴，也损害了自己的修养形象。使用"对不起"这种致歉形式，可以减少对听话人的冒犯，让听话人易于接受说话人的言语行为，收到礼貌的言语效果，树立说话人的个人素质形象，从而增加言语力度和内涵，婉曲地实现交际意图。

7. 警告、威胁

例（20）雷霆强调："我们要保863项目，无条件搬迁。现在看每个人的态度，同意这么办，就不用开会费嘴皮了。做不到的，对不起，请将你的工作交给他人来办。"（《1994年报刊精选》）

例（21）"这就要看你们的表现了！不愿意把自己改造成为新人的，对不起，淘汰！"（戴厚英《人啊人》）

说话人通过实施致歉行为完成对听话人的威胁，警告，显得语意更深，语力更强。因为无论从说话人还是听话人角度，说话人的这种致歉，完全没有了致歉含义，相当于说"你如果没做到我所要求的，那我就要采取对你不利的行动"。此种语境中说"对不起"相当于说"警告你"。

8. 请求

例（22）我们站着等着，售货员没空搭理我们，白杨慢声细语地说："对不起，给我们看看那块布行吗？"（杨苡《打回老家去——祭白杨》）

例（23）"对不起，"陌生人紧张地开口道，"我有一个不寻常的请求。"（《读者》（合订本））

此种语境中说"对不起"相当于说"请你"。

9. 致谢

例（24）"我走啦，对不起，耽误了您不少时间。"工友又借口自己耳聋了，"再见。"（《法医宿舍的枪声》）

例（25）夏志远说："对不起，麻烦了。"（陆天明《苍天在上》（7））

此种语境中说"对不起"相当于说"谢谢"。

以上请求、致谢等言语行为都是日常生活中常见的行为。听话人为了满足说话人的交际意图，必然已经付出或将要付出一定的时间、体力或精力，所以说话人要因自己的言行导致听话人的付出而致歉（当然有时也可以致谢）。但这种致歉只是对听话人付出的心理补偿，并非说话人的冒犯所致，往往听话人的付出是自己意愿支配下的付出，所以说话人一般不必怀有愧疚之心。同时，"对不起"也是一种礼貌语言，使用它是一种礼貌的体现，礼貌是对他人的尊重，是对自我的提升。人们都愿意接触、帮助尊重自己的有素养的人。所以使用"对不起"也是说话人促使听话人愿意付出一点代价，实现其交际意图的保障。

10. 声明（失礼）

例（26）她站起来，对他说："对不起，我到卫生间去一下。"（王浙滨《生为女人》）

例（27）"对不起，周仲翁，我去接了电话来再谈。"（矛盾《子夜》）

此种语境中说"对不起"相当于说"失礼了"。

11. 客套

例（28）"对不起，我的开场白长了，现在请徐市长讲话！"（谌容《梦中的河》）

例（29）日本新娘："对不起，服侍得不好的地方，请原谅。"（《读者》（合订本））

此种语境中说"对不起"是一种谦敬之辞，无实在意义。

我们知道陪同、交谈等行为是社会交往中较正式的行为，有一定的礼仪规范，如陪同时不能随便离开，交谈时不能随意打断对方，等等。人们在实施这些行为时，应知礼、行礼。当不得不违反这些礼仪规范时，人们要表示歉意，是为了表现礼貌、体现教养，特别是在正式一些的场合。在较正式的场合、较正式的社交行为中，客套也是一种社交礼仪，致歉是客套方式之一，可以体现礼貌。

（三）"对不起"的言语行为类型统计、分析

下面，我们通过收集到的语料对"对不起"的所有言语行为类型进行整理、统计，结果见表8。

表 8　　　　　　　"对不起"的言语行为类型统计

言语行为类型	话首	话中	话末	小计	比例
致歉	340	93	46	479	60%
拒绝	77	6	0	83	10.4%
否认	49	1	0	50	6.3%
告知（坏消息）	26	1	0	27	3.4%
提醒	37	6	0	43	5.4%
命令	8	0	0	8	1.0%
驱逐	4	0	0	4	0.5%
警告、威胁	4	5	0	9	1.1%
请求	48	6	0	54	6.8%
致谢	4	1	0	5	0.6%
声明（失礼）	29	2	1	32	4.0%
客套	4	0	0	4	0.5%
合计	630	121	47	798	100%

通过表 8 中的统计数据，我们知道：

第一，"对不起"单纯表达致歉行为是它的主要功能，占所有语例数量的 60%，同时还参与表达拒绝、请求、提醒、警告等 11 种行为的其他功能，这正验证了前文几部工具书所说"常用为表示抱歉的套语"；无论是从语例数量，还是从比例上看，"对不起"表达致歉功能是最常见，最具代表性的，是原型功能。

第二，从话首、话中、话末"对不起"的比较看，表达致歉功能的语例数量越来越少，话首最多，话末最少。但是，通过进一步计算，三种位置上表达致歉功能的语例占各自位置上语例总数的比例分别为话首 54.0%、话中 76.9%、话末 97.9%，即表达致歉功能的语例比例越来越高，话首最低，话末最高。可见，话首"对不起"参与表达其他功能的比例最高，那么语义泛化程度也应该最高。这是因为话首是"对不起"使用最有代表性的位置，它在这个位置上的语用数量最多、语用频率最高，所以泛化的程度也高，在其他两个位置，情况正好相反。

第三，从话首、话中、话末"对不起"的比较看，我们认为"对不起"的功能实现受它出现位置的影响。例如，有些功能只适合开门见山，像否认、命令、声明（失礼）等，就倾向于在话首实现，不适合在话中、话末实现；话末"对不起"基本是实现致歉功能，因为它前面的言语表达更容易被理解为致歉原因。

由于语料规模的限制，以及言语交际的复杂性和语言运用的灵活性，我们对"对不起"的言语行为分类、概括不一定全面，也未必准确。但我们旨在说明"对不起"这个人们非常熟悉的、重要的致歉语还参与很多其他言语行为的表达，并且这些言语行为的实现受它的句法位置影响；随着"对不起"被不断广泛、高频使用，它的语义有进一步泛化的趋势，句首是它语义泛化程度最高的位置；在不同的语境中，"对不起"有规律地凸显不同的语义特征。有了以上认识，可以使汉语母语者更好地理解、使用"对不起"，也可以为外国留学生习得汉语"对不起"提供借鉴和帮助。

第三节 致歉形式

一 语言形式

"语言的社会功能中最基本的是信息传递功能。这一功能体现在语言上就是内容的表达。"[①] 致歉言语行为简言之就是通过语言向对方表达歉意的行为，该行为能实现致歉方向受歉方传递歉意信息的功能。致歉方的语言表达方式受欲传递歉意的直接性和歉意程度的影响。致歉语言表达方式可表现为标志语的使用、称谓语的使用、语气助词和叹词的使用等。其中，标志语是致歉意向的标识，称谓语是致歉主体的标识，我们将于下一章细致描述它们。语气助词和叹词的使用体现着致歉的语气。

语气是说话的口气。[②] 致歉言语行为作为具有特定交际意图的交际行为也具有特别的语气。致歉方为了传达致歉的真心、诚意，一般都会表现出诚恳、温婉、肯定、愧疚或惋惜的语气。致歉的语言表达也要配合以恰当的致歉语气，否则，即使是致歉的语言表达，也不能收到致歉

[①] 叶蜚声、徐通锵：《语言学纲要》（修订版），王洪君、李娟修订，北京大学出版社2010年版，第7页。

[②] 中国社会科学院语言研究所词典编辑室编：《现代汉语词典》（第六版），商务印书馆2012年版，第1590页。

言语的效果。如：

　　例（30）"好，好，都是我的不是！你们穷了，是我把你们吃穷了。你们亏了本，是我连累了你们。你们死了儿子，也是我害了你们伤了阴骘！"（张爱玲《倾城之恋》）

此例是说话人——白流苏被四奶奶和三爷等人埋怨当年离婚回家，给家里带来不吉利后，气极爆发所说。语气上愤怒，高声，并且伴随着放声大笑，这些语气和非语言的表现与致歉语言表达都是矛盾的，是与人们经验中致歉言语行为应有的语气表现相悖的，所以我们通过语气和非语言的表现判断，说话人这段致歉语言表达并非致歉的交际意图，而是反讽、抗争的交际意图。

现代汉语中有多种表达语气的手段，如语气助词、叹词和语调等。这些常见的语气表达手段中一些具体手段也用于致歉言语行为中，可以增加致歉言语效果。如：

　　例（31）"对不起，我，我不是故意的。"（电视剧《北京青年》第20集）
　　例（32）"那么，让我说，我觉得心里对你很抱歉的。"（曹禺《雷雨》）

致歉言语行为中，致歉方希望向受歉方表达致歉的真诚，并且希望受歉方感受到并相信自己的真诚，以上两例在致歉语句末尾加上"的"，可以加强致歉的肯定语气，并且向受歉方传递所言可信的信息。

二　非语言形式

这里的非语言形式是指在人们的致歉言语行为中与语言相伴的，能够传递致歉信息、表达歉意的各种行为和方式。

"人们在运用语言进行交际的时候，不但动嘴，而且脸部的表情、手的动作、乃至整个躯体的姿态等非语言的东西也都会参加进来。这就是说，交际的时候除了运用语言工具以外，还可以运用一些非语言的交际工具。这一点，在以往的研究中往往被忽视了。其实，我们平常说话，不可能毫无表情或动作。孩子学话也需要依靠大量的非语言手段的帮助。可以说，语言的交际处于身势等各种伴随动作的包围之中。"① 可见，在语言交际中，非语言方式作为辅助系统与语言方式相互补充、互为共存，语言交际在很大程度上要借助非语言方式才能有效地进行。美国心理学家艾伯特·梅瑞宾认为："信息总效果＝7％词语＋38％语音＋ 55％面部表情。"他的研究结论我们不见得完全同意，但至少表明了非语言符号在语言交际中的重要作用。

　　致歉言语行为按照塞尔对施为性言语行为的分类，属于表情类，即说话人在表达特定命题内容的同时还表达某种心态的行为。② 也就是说致歉言语行为是致歉方在表达歉意的同时还表达歉疚的心态。如果说致歉方漫不经心、毫无诚意地表达歉意，即使他的语言表达很充分，也不会收到满意的致歉效果。所以，致歉方为了表达致歉的诚意以及提高致歉程度，一般都会用一些非语言方式。其实，多数情况下，由于致歉方是真心诚意地致歉，所以很多伴随致歉语言出现的非语言方式都是无意识的，自然流露、展示出来的，并非致歉方有意运用的，当然，在一些情况下，非语言方式的出现是致歉方所使用的语用技巧。对于受歉方来说，他也在很大程度上，无意识或有意识地观察致歉方的非语言方式，用以判断致歉诚意和程度，继而决定是否原谅致歉方。因为语言方式表达可以有谎言，而非语言方式往往是无意识的，自然流露出来的，更加真实、可靠，所以在受歉方观察到致歉方的语言方式与非语言方式表现出现矛盾时，他更愿意相信非语言方式所表现的内容。由于致歉言语行为要表达出致歉方的歉疚心态，同时，也是有损致歉方面子的行为，所以实施此行为时，多数情况下，致歉方的心态是极其复杂、沉重的。致歉言语行为中的非语言方式是丰富多样的，可观察到的有身姿语、手势语、表情语、目光语和触摸语等，这些非语言方式的运用会极大地增加致歉的言语效果。

　　例（33）在话剧《北京人》中，有这样一组对话：
　　曾思懿：（责备、冷冷地）妈叫你，知道么？
　　曾　霆：（歉笑）知道。

---

① 叶蜚声、徐通锵：《语言学纲要》（第三版），北京大学出版社1997年版，第11页。
② 何自然、陈新仁：《当代语言学》，外语教学与研究出版社2002年版，第65页。

曾思懿：（气消了一半）快穿好袍子马褂给祖先上供去！

这段对话中，本来母亲喊儿子几声都没得到应答，已经暗自生气了，所以责问儿子，儿子此时并没有致歉语言的表达，只是回答"知道"时，伴以歉意的笑，母亲看到了这种"歉意的笑"就已经得到了宽慰，"气消了一半"。可见，在这个情景对话中，表情语（歉笑）所流露出的意义就完成了儿子的交际意图，因为母亲从儿子的表情上看出这种歉意，同时也接受了这份歉意，原谅了儿子。

第三章

致歉言语行为的语言形式

致歉言语行为的语言形式主要表现为标识致歉意图的语言形式、标识致歉主体的语言形式以及标识致歉度的语言形式。致歉意图主要使用致歉标志语标识，致歉主体使用称谓语标识，致歉度除了使用语言标识以外，还涉及其他复杂的因素，有致歉言语行为整体的表现，也有局部的表现，所以放在下一章单独论述。

第一节 致歉意图的实现

致歉意图实现的过程，也是致歉言语行为意义的建构过程。致歉意图是实施致歉言语行为之前就存在了，致歉言语的意义不是预先存在的，而是在实现致歉意图的过程中建构起来的。

致歉意图必须在致歉言语行为框架内实现，为了解说方便，我们将致歉言语行为框架中的元素加以抽象：致歉方是 S_1，受歉方是 S_2，致歉意向是 Y，致歉意向内容是 X。在致歉意图的实现过程中，致歉言语行为框架中的元素要映射到话语形式上，在具体映射中涉及两个重要的问题。其一，致歉言语行为框架本身是心理上的整体结构，当映射到话语形式时，不必总是所有元素都标识出来，其中元素的隐、现和具体表现要受具体言语情境的影响；其二，所有的话语都具有语言的线条性特点，这一特点决定了框架中的元素只能在时间的延展上依次出现，哪个元素先出现，哪个元素后出现，这涉及解决好这些元素的语序问题。

一 行为结构中元素的隐现规律

（一）出现一个元素

依据对我们收集到的致歉语例的观察和我们的言语经验，发现致歉言语行为的语言形式中可以仅出现其结构中的一个元素。出现一个元素时，可以出现 Y 或者 X（见表9）。从收集到的致歉语例中，我们发现 Y 单独出现的频率要高于 X 单独出现的频率。

第一，单独出现元素 Y。

例（1）"抱歉，我真的无意骗你。"（《1994年人民日报\\第2季度》）

此外，我们的言语经验告诉我们，日常生活中我们经常会听到"对不起""抱歉""不好意思"等简洁、明了的致歉语言形式。

第二，单独出现元素 X。

例（2）"我一来，给你添了麻烦。本来我不想来，可你师母老劝我来看看你，就来了！"（刘震云《一地鸡毛》）

例（3）"来晚了。"（内省）

（二）出现两个元素

依据对我们收集到的致歉语例的观察和我们的言语经验，发现致歉言语行为的语言形式中出现其结构中两个元素的情况比较多（见表9）。具体情况如下：

第一，出现元素 Y、S_2。

例（4）"妇救会长，对不起你啦。"（冯德英《苦菜花》）

例（5）一个"钉子户"在他三次上门做工作后，终于懊悔地流下眼泪说："陈书记，对不起。你是要俺干好事，现在我的思想通了。"（《1994年报刊精选》）

例（6）"这一盅酒向你赔罪，这一盅向你告别……"（龙凤伟《石门绝唱》（5））

第二，出现元素 Y、X。

例（7）当他俩踏进服务部店堂取照片时，那里的一位工作人员

第三章 致歉言语行为的语言形式　　59

双手一摊："对不起，你们的胶卷被弄丢了。"（《1994年报刊精选》）

例（8）"非常抱歉，我们不能广播天气预报了。我们天气预报的来源是从机场来的。现在由于天气原因，该机场停用了，明天我们能否向您们广播天气预报，要看天气情况而定。"（《读者》（合订本））

例（9）梁慧珉连连认错："请原谅，我不会再这么做啦，抱歉打扰了你们二位。"（清清《香港记者窃取"十四大"报告始末》）

例（10）"那刚才我还对你这么凶，真是不好意思了，乃亭，你能原谅我吗？"（于晴《红苹果之恋》）

第三，出现元素 S_1、Y。

例（11）"我很抱歉，我真抱歉，"达西先生又是惊奇，又是激动。"这件事要是以错误的眼光去看，也许会使你觉得不好受，想不到竟会让你知道。我没有料到嘉丁纳太太这样不可靠。"（《傲慢与偏见》）

例（12）"好，我送你一件礼物赔罪，行不？"他打开皮夹子，将一床丝质被面抖开于床铺上。（胡辛《蒋经国与章亚若之恋》（连载之六））

（三）出现三个元素

依据对我们收集到的致歉语例的观察和我们的言语经验，发现致歉言语行为的语言形式中出现其结构中三个元素的情况也比较多（见表9）。具体情况如下：

第一，出现元素 S_1、Y、S_2。

例（13）"太太，我对不起你"他第一次流下了真诚的眼泪。（《读者》（合订本））

例（14）"帼眉，我对你不起！"（梁凤仪《九重恩怨》）

例（15）雷德菲尔在他的办公室对赵燕说："我代表美国政府向你正式道歉，我们的政府感到非常难过。"（《新华社2004年新闻稿》）

第二，出现元素 Y、S_2、X。

例（16）"俞同志！对你不起，我那天态度不好！我明天走了，谢谢你四五个月的照护。"（吴强《红日》）

第三，出现元素 S_1、Y、X。

例（17）陆小凤道："对于你的希望，我很抱歉不能给你任何诺言。"（古龙《陆小凤传奇》）

例（18）"是！我是何世伟，对不起，我好抱歉我不是真的元凯！"（琼瑶《青青河边草》）

（四）出现四个元素

依据对我们收集到的致歉语例的观察和我们的言语经验，致歉言语行为结构中四个元素 S_1、Y、S_2、X 都出现在其语言形式中的情况也不鲜见（见表9）。如：

例（19）一些老职工拽着老田的手连声道谢，老田内疚地说："倒是工会该向大伙儿道歉，没把事情办在前头。"（《1994年报刊精选》）

例（20）他越想越感到自己罪行严重，对不起中国人民，写出自己的悔过书："在我手下被害的中国人太多了，想起当时我鬼畜般的姿态，悔悟之心情满怀。我这个宪兵使无辜的中国人民受到如此苦难，深深地向受害者赔罪。"（《1995年人民日报》）

表9　　　　　　　　致歉言语行为结构中元素的隐现规律

出现元素数量	元素出现的具体情形
一个元素	单独 Y
	单独 X
两个元素	Y 和 S_2
	Y 和 X
	S_1 和 Y

第三章 致歉言语行为的语言形式　　61

续表

出现元素数量	元素出现的具体情形
三个元素	S_1、Y 和 S_2
	Y、S_2 和 X
	S_1、Y 和 X
四个元素	S_1、Y、S_2 和 X

注：S_1是致歉方；S_2是受歉方；Y是致歉意向；X是致歉意向内容。

通过以上行为结构中元素的隐现规律的描述，我们认为致歉言语行为结构中元素的隐现并非随意而为，而是有一定的语用规律指导和受一定的语言因素制约。首先，人们在使用语言时，始终受语言经济原则的指导和制约。如果在情境明确的情况下，在没有特殊因素制约的一般情况下，结构中的 S_1、S_2、X、Y 等某一个或某几个元素均可以隐去，不在话语中表达出来。其次，虽然结构中的元素都有隐去的可能，但不能同时隐去 X 和 Y，也就是说不能把交际意图整体隐去，至少要保留交际意图的一部分，从而直接或间接表明说话人的交际意图。为了更准确地传达自己的交际意图，人们往往选择保留能表明致歉意图性质的致歉意向 Y。这一点再次表明致歉意图是致歉言语行为的核心。再次，人们使用语言致歉时，也经常考虑语言象似性原则的指导。如在因冒犯程度较高的行为而引发的致歉言语行为中，也就是说，在言语情境中至少有一个特殊因素——冒犯程度高制约着致歉言语行为，这时为了解决好这个特殊因素，致歉方应该更多地考虑语言象似性原则，通过致歉意向标志语的选择以及致歉话语形式的落实等手段，表现出致歉的正式程度和真诚态度，即一些特殊的情境下，为了得到满意的致歉效果，要求在话语形式层面对致歉言语行为结构内各元素有尽量明确的表达。最后，致歉言语行为结构中元素的隐现也受标识意向的标志动词的句法能力和语用差异的影响。后文我们将具体阐述致歉标志语的句法能力和语用差异。

二　行为结构中元素的语序情况

致歉言语行为结构中元素如果出现在语言形式中，元素间不可避免涉及语序排列问题。我们在前文元素的隐现规律中所列举的语例基础上进一步观察出现的元素的语序问题。

(一) 出现两个元素的语序排列

在出现两个元素的语言形式中，能调整语序的是"Y、X"，不能调整语序的是"S_1、Y"。"Y、S_2"中有的情况可以调整语序，有的情况不能调整语序，可以调整语序的语言形式对 Y 的标志语（限于"对不起"）和对 S_2 的称谓方式（非代词称谓）都有条件限制。如：

例（21）对不起，你们的胶卷被弄丢了。（语序是：Y+X）
你们的胶卷被弄丢了，对不起。（语序是：X+Y）
例（22）非常抱歉，我们不能广播天气预报了。（语序是：Y+X）
我们不能广播天气预报了，非常抱歉。（语序是：X+Y）
例（23）陈书记，对不起。（语序是：S_2+Y）
对不起，陈书记。（语序是：Y+S_2）

(二) 出现三个元素的语序排列

在出现三个元素的语言形式中，能调整语序的是"S_1、Y、X"和"Y、S_2、X"，不能调整语序的是"S_1、Y、S_2"。虽然这里出现了三个元素，但它们合乎句法排序的可能性并没有加倍。与"出现两个元素的语序排列"情况相比较，这里只是致歉主体围绕致歉意向作了不同的组合搭配，然后再与致歉意向内容进行语序排列。如：

例（24）对你不起，我那天态度不好！（语序是：Y+S_2，X）
我那天态度不好，对你不起！（语序是：X，Y+S_2）
例（25）我很抱歉不能给你任何诺言。（语序是：S_1+Y+X）
不能给你任何诺言，我很抱歉。（语序是：X，S_1+Y）

(三) 出现四个元素的语序排列

在四个元素 S_1、S_2、Y、X 都出现的语言形式中，它们合乎句法排序的可能性也没有加倍。与"出现三个元素的语序排列"情况相比较，这里也是致歉主体围绕致歉意向作了不同的组合搭配，然后再与致歉意向内容进行语序排列。如：

例（26）工会该向大伙儿道歉，没把事情办在前头。（语序是：

S_1+S_2+Y，X）

没把事情办在前头，工会该向大伙儿道歉。（语序是：X，S_1+S_2+Y）

例（27）工会对不起大伙儿，没把事情办在前头。（语序是：S_1+Y+S_2，X）

没把事情办在前头，工会对不起大伙儿。（语序是：X，S_1+Y+S_2）

通过以上各例句的描述、变换分析，我们认为致歉语言形式中元素的语序排列实质上就是"致歉意向内容"与"致歉意向所组成结构"的排序。在致歉语言形式中出现、但不能调整语序的元素组合都是没有"致歉意向内容"出现的元素组合，如"S_1、Y""S_1、Y、S_2"。因为没有"致歉意向内容"出现，也就失去了调整语序的可能性。对于致歉方来说，语序的存在有其必要性。首先，语序问题受语用焦点的影响。致歉方根据具体情境落实致歉意图时，会根据需要突出某些重要的信息，形成焦点，吸引受歉方的注意力。为了形成焦点，致歉方在语序上必然要做出调整，从而突出自己的表达重点。其次，语序问题受表示意向的动词的影响，受这些动词的句法能力的限制。由于每个动词的具体情况不同，我们将在后文详细阐释。

致歉言语行为结构中的元素出现在语言形式上时，致歉意向 Y 表现为致歉标志语的具体使用，致歉意向内容 X 是个变项，它是作为时刻准备被赋予意图价值的命题而存在。致歉主体 S_1、S_2 则表现为称谓语的具体使用。有关致歉标志语和称谓语的具体表现阐述如下。

三 致歉标志语的句法表现及差别

（一）致歉标志语的句法表现

致歉标志语抱歉、对不起、道歉、赔罪、不好意思等在以"致歉"为交际意图的语句中的句法表现。

1．"抱歉"的句法表现

"抱歉"组织语句的基本格式是"NP1+抱歉+NP2"，其中 NP1 是致歉方的指代，NP2 是冒犯事实的陈述，基本上是复杂结构，或是短语或是小句。如：

例（17）′陆小凤道："对于你的希望，我很抱歉不能给你任何诺言。"（古龙《陆小凤传奇》）

有时NP1或NP2在语境的帮助下，可以省略其中一个或者两个均省去。如：

例（8）′"非常抱歉，我们不能广播天气预报了。我们天气预报的来源是从机场来的。现在由于天气原因，该机场停用了，明天我们能否向您们广播天气预报，要看天气情况而定。"（《读者（合订本）》）

以上例子中省略了NP1。

例（11）′"我很抱歉，我真抱歉"，达西先生又是惊奇，又是激动。"这件事要是以错误的眼光去看，也许会使你觉得不好受，想不到竟会让你知道。我没有料到嘉丁纳太太这样不可靠。"（《傲慢与偏见》）

以上例子中省略了NP2。

例（1）′"抱歉，我真的无意骗你。"（《1994年人民日报\\第2季度》）

此例中省略了NP1和NP2。

"抱歉"前面可以加感觉性动词，如"感到、觉得、深感、表示"等。其前面加感觉性动词后，后面不能再有宾语，但可以受状语修饰、受补语补足。此时，句中可利用介词"对、向"等引入受歉方，组成介宾短语做状语。如：

例（28）英国贸易和工业大臣帕特里夏·休伊特8日在英国议会下院表示："对任何因为信件投递延误或者丢失信件而带来不便的顾客，我表示抱歉。"（《新华社2004年新闻稿》）

例（29）"我感到很抱歉。"（古龙《圆月弯刀》）

"抱歉"前面可以受状语修饰，做状语的是程度副词，如"很、非常、极其、十分、实在、太"等。有的时候，程度副词会叠用或连用，共同做状语，如"非常非常……"，"实在很……"等。如：

例（30）"很抱歉，我这个旅伴不如刚才下车的那位姑娘富有吸引力！"这男子说道，设法和我进行对话。（《读者》（合订本））

例（31）"我对你非常非常抱歉。"（琼瑶《雁儿在林梢》）

例（32）"听说麦克风出故障了，实在很抱歉，我们都惊出了一身冷汗哩……好在没多久又恢复正常了，否则可就麻烦啦！"（《读者》（合订本））

例（30）是"抱歉"受单一副词修饰的语例。例（31）是"抱歉"受副词叠用修饰的语例。例（32）是"抱歉"受多个副词连用修饰的语例。

"抱歉"后面可以受补语补充，如"~得很、~极了、~得厉害、~了很久"等，其后面有补语时，不能再有宾语。如：

例（33）"抱歉得很，我的手还有用，不能给你。"（古龙《天涯明月刀》）

例（34）"抱歉。"他说："我实在真的是抱歉极了，可是我发誓，我绝不是故意来打搅你的。"（古龙《陆小凤传奇》）

"抱歉"及其组成的结构可以重复使用。如：

例（35）崔鸣九一拱手道："四爷，抱歉抱歉，铺子里有点俗事儿，让四爷久等了。今儿还是我请客，就算我给四爷赔罪了。"（电视剧《乔家大院》）

例（36）"哎呀，是王局长啊，您有事……是贵公子……哎呀，您看这事办的……实在抱歉，实在抱歉！"（《故事会2005》）

例（37）"可慧，"高寒不顾一切地说："我抱歉，我抱歉，我抱

歉到极点。"(琼瑶《聚散两依依》)

例(35)是"抱歉"自身叠用的语例。例(36)是"抱歉"所组成的短语叠用的语例。例(37)是"抱歉"所构成小句叠用的语例。

2. "对不起"的句法表现

"对不起"组织语句的基本格式是"NP1+对不起+NP2",其中NP1是对致歉方的指称,NP2基本上是对受歉方的指称。如:

例(38)约旦失败后,中国足协副主席王俊生恳切地对新闻界说:"希望大家一定向广大球迷表达我们的歉意,我们对不起大家。"(《1994年报刊精选》)

有时,NP1和NP2在语境的帮助下可以共同省略,或NP1单独省略。如果NP1以第一人称形式出现时,NP2是不能省略的。如:

例(39)夏志远说:"对不起,麻烦了。"(陆天明《苍天在上(7)》)

此例中省略了NP1和NP2。

例(4)'"妇救会长,对不起你啦。"(冯德英《苦菜花》)

此例中省略了NP1。

"对不起"前面可以加感觉性动词,如"感到、觉得"等。其前面加动词后,后面还能再接宾语,也能受状语修饰,受补语补足,但宾语和补语不能同时出现。如:

例(40)"我感到对不起他。"(莫怀戚《透支时代》)
例(41)"我总觉得对不起你,好像是我使你受了这么多的苦……"(戴厚英《人啊人》)

"对不起"前面可以受状语修饰,做状语的是程度副词或者形容词,如"很、非常、十分、确实、实在、太、真"等。有的时候，程度副词会叠用或连用，共同做状语，如"实在实在~""确实很~"等。如：

例（42）他又叫住我，更诚恳地说："我非常非常地对不起你。"（冯骥才《一百个人的十年》）

例（43）"子默，"她流着泪，哀恳地瞅着他："对不起，真的对不起。"（琼瑶《水云间》）

例（43）是"对不起"受单一形容词修饰的语例。例（42）是"对不起"受副词叠用修饰的语例。

"对不起"后面可以受补语补足，如"~得很、~极了"等。如：

例（44）他急忙告饶道："槐英！槐英！对不起，对不起得很！……"（杨沫《青春之歌》）

"对不起"及其组成的结构可以重复使用。如：

例（45）他满脸是汗，眼里是泪，腿上是血，嘴里连声道歉："对不起，对不起，对不起……"（莫言《红树林》）

例（46）张伯驹落实政策，知道这下惹祸了，忙双手递回工作证，连连说道："误会了，误会了，实在对不起，实在对不起。"（刘军《张伯驹和陈毅的交往》(12)）

例（45）是"对不起"自身叠用的语例。例（46）是"对不起"所组成的短语叠用的语例。

"NP1+对不起+NP2"有一种独特的变体，即把NP2置于"对"后面，形成"NP1+对NP2不起"，此时NP2即是受歉方，NP1有时可以省略。如：

例（16）'"俞同志！对你不起，我那天态度不好！我明天走了，谢谢你四五个月的照护。"（吴强《红日》）

例（14）'"帼眉，我对你不起！"（梁凤仪《九重恩怨》）

3. "道歉"的句法表现

"道歉"组织语句的基本格式是"NP+道歉",其中 NP 是致歉方的自称形式,组句时一般不能省略。"道歉"不能带宾语,不能带补语,不能独立使用。组句时,往往需要状语的修饰,做状语的或是介词短语,如"向(给、跟、对)+受歉方""为(因为)+冒犯事实"等;或是某些形容词,如"正式、郑重"等。如:

例(19)′一些老职工拽着老田的手连声道谢,老田内疚地说:"倒是工会该向大伙儿道歉,没把事情办在前头。"(《1994年报刊精选》)

例(15)′雷德菲尔在他的办公室对赵燕说:"我代表美国政府向你正式道歉,我们的政府感到非常难过。"(《新华社2004年新闻稿》)

"道歉"前面可以加动词,如"表示"等。此时,"道歉"还可以被自称所有格领属。如:

例(47)事隔六年之后,林老把当时的富县县长找来,当面对他说:"实践证明过去我对你们批评错了,请你一定向县里全体干部说清楚这个情况,表示我的道歉。"(《1996年人民日报》)

例(48)伊格尔森声音颤抖地向那些两鬓飞霜的老冰球队员认罪说:"我真诚地对所有因我而受到伤害的球员表示道歉,并希望今后有机会做出补偿。"(《1998年人民日报》)

4. "赔罪"的句法表现

"赔罪"组织语句的基本形式也是"NP+赔罪"。其中 NP 也是致歉方的自称形式。赔罪后面也不带宾语、不带补语,前面也可以有介词短语做状语进行修饰。"赔罪"与"道歉"本身都是述宾结构的动词,都属于不及物动词。二者词汇性质相同,所以句法表现也很相似。不过,"赔罪"一词本身含有"庄重、正式"的情感色彩,所以其在组句中,前面少有类似形容词做修饰。如:

例（20）′他越想越感到自己罪行严重，对不起中国人民，写出自己的悔过书："在我手下被害的中国人太多了，想起当时我鬼畜般的姿态，悔悟之心情满怀。我这个宪兵使无辜的中国人民受到如此苦难，深深地向受害者赔罪。"（《1995年人民日报》）

例（12）′"好，我送你一件礼物赔罪，行不？"他打开皮夹子，将一床丝质被面抖开于床铺上。（胡辛《蒋经国与章亚若之恋》（连载之六））

在某些特殊情境中，NP可以省略。如：

例（6）′"这一盏酒向你赔罪，这一盏向你告别……"（龙凤伟《石门绝唱》（5））

5. "不好意思"的句法表现

"不好意思"前面可以加程度副词，受其修饰，如"真、实在、非常、很、真是"等。也可以受副词连用或叠用的修饰，如"非常非常~""确实很~"等。如：

例（49）"煞车管的事给您招了这么大的麻烦，实在不好意思。"（陆天明《苍天在上》（9））

例（50）何波口气很委婉但也很坚决，"小代呀，真是不好意思，我们当时有点想当然了。"（张平《十面埋伏》）

"不好意思"也可以重复使用。如：

例（51）"史局长、魏队长，不好意思，不好意思，让你们久等了。……"（张平《十面埋伏》）

"不好意思"前面可以加感觉性动词，如"感到、觉得"等。如：

例（52）"这件事儿我错怪你了，真是觉得不好意思，请你原谅！"（内省）

（二）致歉标志语的句法差别

从我们所观察的五个代表性致歉标志语的句法表现上看，他们之间有同有异。

第一，在成句灵活性方面，"对不起、抱歉"都很灵活，在语境帮助下，可以省略其前、后的句法成分，甚至独立成句。"赔罪"在某些特定语境下，也可以省略主语，独立使用，但其此用法使用频率不高，表现不典型。"道歉"成句的能力较差，组句的限制条件较多，不能独立使用。"不好意思"是固定短语，在道歉语句中独立使用的情况较多，可以独立成句。

第二，在带宾语能力方面，"对不起，抱歉"都可以带宾语，但"对不起"的宾语基本上是受歉方，"抱歉"的宾语是冒犯事实。"道歉、赔罪、不好意思"不能带宾语。

第三，在与其他动词的组合方面，"对不起、抱歉、不好意思"都可以与感觉性动词组合，"道歉"也有类似的情况，但仅发现与动词"表示"组合，而且使用频率不高。"赔罪"没发现与其他动词组合的情况。

第四，在受副词修饰的能力方面，"对不起、抱歉、不好意思"都可以受多个程度副词修饰，并且可以受某些程度副词叠用或连用修饰。"道歉、赔罪"不能受程度副词的修饰，它们前面的状语，一般是引入受歉方的介词短语。

第五，在带补语的能力方面，"对不起，抱歉"都可以带加强程度的补语。"不好意思"理论上也可以带此类补语，但未发现此种语例。"道歉、赔罪"都不能带补语。

第六，在重复使用的能力方面，"对不起、抱歉、不好意思"都能独立、重复使用。"道歉、赔罪"都不能重复使用。

此处强调一下，我们总结致歉标志语的句法表现是在以"致歉"为交际意图的语句范围内观察，这些标志语也有它们作为一般词语使用的时候，它们以一般词语所组构的语句不在我们的观察、总结范围之内。如：

例（53）岳飞说："我没有什么对不起国家的地方。你们掌管国法的人，可不能诬陷忠良啊！"（《中华上下五千年》）

例（54）"你们怎么又好起来了？是他赔罪了么？"（欧阳山《三家巷》）

例（55）"她被我盯得不好意思，扑哧一声笑了起来。我觉得挺好玩，也忍不住笑了起来。"（《中国北漂艺人生存实录》）

例（56）尽管他总是很抱歉地说："我写东西，很吃力。"但，公道自在人心。"柯老的文章，真是字字珠玑，掷地作金石声。"这不是一两个说的"捧场话"，而是近几年在文学界、读书界、知识界经常可以听到的议论。（谷苇《又见柯灵》）

例（57）1992年，当时深圳市的一位领导人去北京招聘人才时，曾"接受"原国家建委负责人的"道歉"。（《1994年报刊精选》）

四 致歉标志语的语用差异

第一，在语体和使用频率方面的差异。

在语体上，"道歉、赔罪"多用于书面语，"对不起、抱歉、不好意思"多用于口语。因语体的限制，也由于人们言语习惯的影响，口语体的致歉标志语使用频率较高，书面语体的致歉标志语使用频率较低。日常生活中，人们之间的致歉言语行为常用口语体的致歉标志语，特别是"对不起""不好意思"的使用频率很高。在一些较正式、严肃的场合，如国与国之间、单位与单位之间，单位与个人之间的致歉言语行为，用"道歉"的情况较多。

第二，在所适用的冒犯事实方面的差异。

我们知道，五个致歉标志语代表在语义程度上是有差别的，他们所表达的致歉程度也是有差别的，当然，致歉程度与冒犯程度往往是对应的，冒犯程度与冒犯事实又紧密相关。也就是说，致歉标志语的使用应根据冒犯事实的不同而有所差异。"在语用上，这类（赔罪类：笔者注）词语主要使用在冒犯与损害了受害人后果比较严重的场合。"[①] "感到'抱歉'的事情客观上或主观上认为对别人的影响不是很大。如答应帮别人办的事情经过努力没有办成，公共汽车上不小心踩了别人的脚，比约定的时间迟到了几分钟等；如果因为什么事情要向人'道歉'，那么，这件事一定对别人的影响很大，给人造成了身体、精神上的伤害或财产上的损失。比如酒后开车撞了人，学生当众顶撞老师，老板错误地批评了员工等，都要向

[①] 李军：《致歉行为的话语模式与语用特点分析》，《语言教学与研究》2007年第1期。

受到伤害的人'道歉'。"① 感到"对不起"的事情可以是日常生活中的小事，如："对不起，我认错人了。"也可以是大事，比如："你这样做，对不起人民，对不起党。"② "'不好意思'通常暗示羞于启齿的某一话题、要求，或对自己的能力不足、行为不妥等略表羞愧，后来逐渐获得道歉用语的身份。……转而表达'道歉'时，'不好意思'的致歉意义依然轻微，可以说是层级最低的道歉语。"③ 有时，在致歉标志语的使用上有"重词轻用"的情况，这是致歉者故意违反"会话合作原则"中"量"的准则，从而戏谑、诙谐地营造出一种轻松、愉快的致歉氛围，这种情况往往是发生在社会关系亲密的人群之间。

例（58）"好，算我家里的人冤枉了你，我跟你赔罪。今天电影我请客。"（钱锺书《围城》）

此例是发生在妻子和丈夫之间的致歉。因为孙柔嘉（妻子）的姑母说方鸿渐（丈夫）欺负柔嘉，惹得方鸿渐生气，柔嘉向他道歉用了高程度致歉标志语"赔罪"，逗他开心。

第三，在使用群体上的差异。

汉文化具有含蓄、爱面子的传统特点。④ 汉民族社会中，人们会因社会地位、家族辈分、年龄等因素自然地拥有一些"面子"，有"面子"的人往往都很在意自己的"面子"，所以，有"面子"的人在致歉言语行为中，往往更关注自己"面子"的得失，他们不愿意使用语义程度高的致歉标志语，因为那样会让他们损失更多"面子"，甚至他们有时不使用致歉标志语，委婉、间接地就实施了致歉言语行为。相反，社会地位低、家族辈分低、年龄小的人就比较容易使用致歉标志语实施致歉言语行为，在有必要的情况下，他们也会使用"赔罪"等重语义的词语。

---

① 阮畅、杜建鑫：《"抱歉""道歉"和"对不起"辨析》，《唐山学院学报》2009年第2期。
② 同上。
③ 易敏：《交际心态与谦敬用语——兼谈"对不起"被"不好意思"替换》，《语言文字应用》2005年第2期。
④ 李军：《致歉行为的话语模式与语用特点分析》，《语言教学与研究》2007年第1期。

致歉言语行为框架中元素的隐现及语序问题受致歉标志语的句法能力和语用差异的影响。首先，这些标志动词对自身的论元有基本的要求，如"我赔罪""我道歉""我抱歉"都可以说，但"我对不起"不能说，只能说"我对不起你"，此时"S_2（你）"的出现，就是"对不起"作为二元动词所要求的。其次，这些标志动词对自身的语用环境有基本的要求，如我们常听到"对不起""抱歉""不好意思"等仅表达致歉意向的简洁致歉话语，但"赔罪""道歉"不能这样简洁地单独使用，因为它们是较正式的词语，多用于正式场合或用于因冒犯程度较高的行为而致使的道歉行为。

第二节　致歉主体的标识

致歉主体如果出现在致歉语言形式上，主要表现为称谓语的使用。称谓语的恰当选择能让交际主体双方建立合适的人际关系，营造和谐的交际氛围，从而展开顺利、文明的人际交流。致歉言语行为中称谓语的恰当选择尤显重要，因为此前交际主体之间往往发生过冒犯行为，这是一种具有冲突性的行为，此行为的发生会使交际双方的人际关系发生不和谐的变化。致歉方所用的称谓语，一般位于话首，是致歉方对自己及对方交际角色的定位，其中所能传达出的礼貌因素，能够缓和甚至转变不和谐的人际关系，至少通过称谓语的合理运用，不要进一步恶化双方不和谐的关系。恰当使用称谓语，以期在较好的交际氛围中顺利展开致歉言语行为，收获理想的言后效果。

"贬己尊人是中国式礼貌的一大特点"[1]，致歉方对受歉方恰当地使用称谓语是向他传递一定的礼貌信息，体现出对受歉方的"尊重"，增加了受歉方的"面子"，因为此前发生的冒犯行为中，受歉方是有"面子"损失的，贬己尊人的礼貌称谓能够补偿受歉方的"面子"损失，提升致歉效果，迅速平衡双方的人际关系。恰当的礼貌称谓，特别是亲属称谓，除了可以体现对受歉方的尊重，也可以拉近致歉方与受歉方的社会距离，汉民族社会是个十分重视"人情"的社会，交际主体间社会距离的远近直

---

[1] 顾曰国：《礼貌、语用与文化》，《外语教学与研究》1992年第4期。

接关涉主体间"人情"的薄厚,"人情"的薄厚关涉交际主体间相互体谅、相互担待的程度,这会影响到致歉方最终致歉效果的好坏。致歉言语行为中的称谓语可以体现为对受歉方的称谓和致歉方的自称两个方面。下面分别阐述如下。

一 对受歉方的称谓

对受歉方的称谓主要表现为亲属称谓、社会称谓、指代称谓和姓名称谓,致歉方如何选择称谓形式,主要出于双方的人际关系和致歉效果的考虑。如:

例(59)"妈,对不起",雷说,"昨天发生的事太多,我们累坏了。"(《可爱的骨头》)

此例中对受歉方使用了亲属称谓。"汉民族的生育等级导致了汉语称呼规则的'礼貌天然性',这种与生俱来的称呼礼节,不能任意逾越、随便践踏。"[①] 致歉言语行为中,如果双方有亲属关系,相应的称谓会被致歉方使用,表达对受歉方必要的礼貌和尊重。

例(60)"阿妈妮,对不起,对不起,作为日本人,我向您谢罪……"(《1994年报刊精选》)

此例中对受歉方使用了泛化的亲属称谓。亲属称谓具有"礼貌天然性",所以,亲属称谓具有被人们向家族成员以外人员泛化使用的必然趋势。如"兄弟、大哥、老弟、大姐、大嫂、叔叔、老爷爷、老奶奶"等,这些称谓既可以用于熟人之间,在情境适宜的条件下,也可以用于陌生人之间。亲属称谓相比于社会称谓、姓名称谓和指代称谓等,除了能体现出对听话人的礼貌、尊重,还能激活听话人的友情甚至亲情感受,因此,只要情境合适,说话人都乐于使用这种带有亲情的礼貌泛称。

例(61)沈二哥感激司长,想起自己的过错,不该和司长耍脾

---

① 周莜娟:《现代汉语礼貌语言研究》,博士学位论文,武汉大学,2005年。

气。"司长，对不起，我那么无礼。"（老舍《沈二哥加了薪水》）

此例中对受歉方使用了社会称谓。社会称谓，特别是在社会群体中地位较高的人的社会称谓，如较高的职务、较高的职称、较高的学历、较好的职业等，用这些社会称谓称呼别人，能表明你对他社会地位、社会价值的认可，表达你对他的尊敬和礼貌。

例（62）"先生，对不起，这位老人走动不便，你能先让她用一下卫生间吗？谢谢！"（《人民日报》1996年12月）

此例中对受歉方使用了指代称谓。指代称谓中包括许多敬词，有体现礼貌的功能，如"您、先生、女士、夫人、师傅、阁下、～老、～公"等，这些词作为礼貌标志，将贮存于成熟的语言使用者的言语经验中。

例（63）"唉，事到如今，我说这些没有用，春娥，我们姜家坑了你，对不起，真的对不起……"三少爷说着眼窝里涌出泪。（尤凤伟《石门绝唱》（3））

此例中对受歉方使用了姓名称谓。对人称呼全名，可体现出庄重、正式之意；对人单称呼名或小名，可传达熟识、喜爱、亲密之情。

二　致歉方的自称

首先，依照"贬己尊人"的中国传统礼貌准则，致歉方一般不会使用抬高自己的称谓，甚至经常使用贬低自己的称谓。因为使用抬高自己的称谓，会令人觉得高傲、无理，这不符合汉民族社会的交际规范。其次，在致歉言语行为这种特殊的言语交际中，受歉方是在冒犯行为中遭受"面子"损失的一方，有"面子"补偿的需要。致歉方应该向其示好、示弱，而不是示盛、示强。只有示好、示弱才能更好地补偿受歉方的"面子"损失，继而取得受歉方的原谅，获得致歉言语行为的成功。致歉方的自称主要表现为贬损的自我指称、正常的自我指称、模糊的自我指称。如：

例（64）"奴才瞎眼了，奴才罪过！"（《烟壶》）

此例中使用的是贬损的自我指称。致歉方贬低自己，甚至作践、诅咒自己，从而取悦受歉方，其实这是致歉方利用明显的自我"面子"损失使受歉方尽快获得心理上的平衡的策略，因为此前发生的某种冒犯行为已经使受歉方损失了"面子"。受歉方获得心理平衡是他（她）对致歉方致歉言语行为满意的前提。

例（65）"我犯了罪，我对不住你……"（《上海屋檐下》）

此例中使用的是正常的自我指称。第一人称代词单数——"我"是说话人自我指称的最常见的形式，它的指称在语境中是确定的，就是说话人。在致歉言语行为中"我"是致歉人，是致歉语言的主语，即是"说话人=我=致歉人"，可见，说话人与致歉人有明确的对等关系，承担着全部的致歉责任，扮演着明确的致歉角色。所以，致歉方在认识到自己的错误，向受歉方正式表达歉意的致歉言语行为中，往往都使用第一人称代词单数做明确的自我指称。

例（66）背景：电视剧《我爱我家》中，傅老没跟家人商量，准备改变一下家里的环境，请来很多工人，把家里弄得一团糟。为此向晚辈们致歉。

"教训啊！教训！错误和挫折教训了我们，使我们比较的聪明起来，任何政党，任何个人，错误总是难免的……"

此例中使用的是模糊的自我指称。致歉言语行为本身对于致歉方来说是有损"面子"的行为，在有些情境下，致歉方为了降低"面子"的损失程度，会实施一些策略，说话人模糊的自我指称就是这些策略之一。第一人称代词复数——我们，有时用于说话人的自我指称，从语义上讲，说话人是"我们"中的一员。在致歉言语行为中，"我们"是致歉人，是致歉语言的主语，即是"说话人<我们=致歉人"，可见，说话人与致歉人是部分与整体的关系，承担着部分的致歉责任，扮演着致歉角色之一，所以，说话人的"面子"损失在某种程度上也是部分的。

第四章

致歉言语行为的致歉度

致歉度是致歉方在致歉言语行为中表达出的歉意程度。致歉度虽然有高低之分，但它是一个连续统，不会有清晰的界限，它的高低直接取决于冒犯度的高低。致歉度的高低掌控要求致歉方具有足够的知识和经验，致歉方首先应对冒犯行为中相关因素做出准确推测，形成对冒犯度的正确评估，然后才能结合具体情境，择定致歉的策略和表达方式，标识致歉意图和表达合理的致歉度。

致歉度对于致歉方和受歉方都是非常重要的因素。对于致歉方，致歉度的恰当把握可以避免其无谓损失过多的"面子"，致歉言语行为客观上是要损失"面子"的，任何人都不愿意随意损失自己的"面子"，因为"面子"涉及一个人做人的尊严，同时，致歉度的恰当把握可以实现成功、得体的致歉，因为致歉方表达的致歉度要高于冒犯度，才能让受歉方满意，从而获得致歉交际的成功。对于受歉方，因为遭受了某种程度的冒犯，他（她）对致歉方的致歉度是有所期待的，只有达到或超过他（她）的期待，受歉方才能真正谅解致歉方，致歉度如果低于冒犯度，受歉方是不会满意或十分满意的，致歉方也就不能成功完成致歉言语行为。致歉度如果过高于冒犯度，受歉方会产生怀疑和诧异，会怀疑致歉方的交际意图。如：

例（1）背景：在公交车上，你不小心踩了一位中年男子的脚。你向他致歉："对不起，请你原谅，要不我送你去医院看看吧。"

这里的致歉度就超高了，只是踩下脚而已，怎么也不至于"去医院"，本来对方听到"对不起"也就足够了，后面的过量致歉会让对方怀疑你的致歉意图，因为他在遵守"合作原则"的前提下，发现你违反了

"量"的准则,就不免要揣测你的"言外之意",是揶揄?是挑衅?还是智商问题?总之,超高的致歉度会破坏受歉方对交际意图的判断,产生不必要的表达负担、理解负担甚至其他不必要的麻烦,产生"过犹不及"的语用效果。

致歉言语行为中,双方都遵守"合作原则",其中"量"的准则关注的是话语的信息量,包括两条次准则:①所提供的信息应是交际所需要的;②不要提供交际以外的额外信息或少提供信息,即提供的信息应不多也不少。① 所以,我们说致歉度不能低于冒犯度,不过,我们认为按汉民族社会的认知心理略高于也是可以的,我们认为致歉度最理想的实现状态是"致歉度稍大于或等于冒犯度"。

第一节 冒犯度的评估

致歉度与冒犯行为产生的冒犯度密切相关。冒犯度受冒犯行为类型、被冒犯主体自身因素、交际主体间因素、冒犯情境和冒犯者的主观冒犯意图等多种因素影响。

冒犯行为类型不同,所产生的冒犯度不同。"通常认为对身体的冒犯要比对财物的冒犯程度高,而对财物的冒犯要比对心理的冒犯程度高。冒犯程度的级差排列呈如下趋势:对身体的冒犯>对财物的冒犯>对心理冒犯。"② 这种等级排列仅是一种趋势,并非绝对的。因为被冒犯者自身因素的不同,对冒犯行为的感受可能不同,例如,被冒犯者是一位特别爱面子的有钱人,那么他很可能会认为对他心理的冒犯比对他财物的冒犯所产生的冒犯度高。其实,被冒犯者判断冒犯度的高低取决于他所重视的需要,他越重视的需要状态受到干扰、冒犯,越觉得受到的冒犯度高。马斯洛将人的需要分为五个层次,由底层到顶层分别是:生理需要、安全需要、归属和爱的需要、自尊需要以及自我实现的需要,即"需要层次论"。由马斯洛的理论,我们知道首先每个人的需要分为五种,无论你意识没意识到这五种需要,它们在每个人的潜意识中都存在着,只不过某个

---

① 冉永平:《语用学:现象与分析》,北京大学出版社2006年版,第56页。
② 周林艳:《致歉言语行为研究》,硕士学位论文,吉林大学,2008年。

阶段某种需要体现得更为显著。其次，五种需要是有层次的，它们由低到高排出个金字塔型结构，这个由低到高的层次是按先后顺序排出的，是不可打乱的。也就是人们实现这些需要也是有先后顺序的，每个人都是先实现生理需要，然后再去实现安全需要；实现安全需要，然后再去实现归属和爱的需要；实现归属和爱的需要，然后再去实现自尊需要；实现自尊需要，然后再去实现自我实现的需要。每个人都要为实现生理需要而努力拼搏，但并不是每个人都真正实现了生理需要，更别说去追求接下来的需要。所以，五个需要排出金字塔型结构，其各个需要层次上实现的人数也呈现出金字塔型结构，越往高层的需要能实现的人数就越少，只有不多的人才能实现自我实现的需要。大家实现自我需要状态的不同势必影响其对遭遇冒犯行为的冒犯度高低的判断，试想一位成功人士对于被骗五百元钱和被人诋毁名誉，他会认为哪件事冒犯度高？当然是后者；再试想一位生活在最低温饱线的人对于被骗五百元钱和被人诋毁名誉，他会认为哪件事冒犯度高？当然是前者。我们认为人们往往更加重视他刚刚实现的需要或者正在追求的需要，被重视的需要是他的显著需要，其他需要依照层次排列顺序，距离显著需要越远的，显著程度越低，被重视度越低，相应的该种需要被干扰、冒犯，其冒犯度也低。如一个人正在追求自我实现的需要，那么自我实现的需要就是他的显著需要，生理需要是在层次上距离自我实现的需要最远的需要，显著程度最低，被重视程度也最低，如果这种需要被冒犯，被冒犯者也会认为对其冒犯度较低。

除了冒犯行为类型和被冒犯主体自身因素外，交际主体间因素的差距也会影响冒犯度的高低。如权势关系的变化会对相同冒犯行为的冒犯度产生重要的影响。简单地说，如果我们以冒犯方的社会地位作为基准，用被冒犯方的社会地位与其比较，比冒犯方的越高，则越放大冒犯度；比冒犯方的越低，则越缩小冒犯度；与冒犯方的平等，则不改变冒犯度，冒犯度是由其他相关因素决定的。社会距离变化对同一冒犯行为的冒犯度产生的影响很复杂，要视具体冒犯行为而定，如同样是弄脏别人衣服，社会距离越远，如果是陌生人，则冒犯度越高；社会距离越近，如果是亲朋好友，则冒犯度越低。如同样是欺骗别人，社会距离越近，如是亲朋好友，则冒犯度越高；社会距离越远，如是陌生人，则冒犯度相对较低。年龄差距也影响相同冒犯行为的冒犯度，差距越大则冒犯度越高，反之，则越低。性别及其差别对相同冒犯行为的冒犯度也有影响，"女性对空间（距离和动作）和言语冒犯敏感于男性；而男性对时间的侵犯最为敏感"①。如一位男士向一位陌生女士说一句淫秽话语比一位女士向这位陌生女士说同样一句淫秽话语的冒犯度更高。

冒犯行为发生的情境也会影响冒犯度的高低。如对于相同的冒犯行为，在正式场合发生的比在非正式场合发生的冒犯度往往要高，有旁观者的比没有旁观者的冒犯度往往要高，旁观者众多的比旁观者较少的冒犯度往往要高，等等。冒犯者的主观冒犯意图，也影响着冒犯度的高低。交际中，有些冒犯行为是无意中发生的，有些则是有意实施的。有意实施的冒犯行为的冒犯度自然要比无意发生的程度严重。

冒犯度受诸多因素的影响，是各种相关因素——加强的，减弱的——复合作用的结果。

第二节　致歉度的实现

致歉度的实现主要是依靠数量象似性原则的指导。"按照 GivÕn 的界定，数量象似性指的是：意义越多，越不易预测；越重要，形式就越多。这一条规则的外延比较宽泛，重要性和可预测性的内涵也较复杂。显而易见的有两种典型：一种是语言形式的复杂程度；另一种是词法和句法构造中重叠（重复）现象。"②

致歉度的实现有多种方式和手段，下面分别阐述。

一　语言方式

（一）词语手段

致歉言语行为中，语言表达的某个位置上往往会存在备选词语的集合，致歉者根据需要从集合中选择不同的词语，词语语义程度的差别，反映着致歉度的差别。

第一，称谓语。一般情况下，如果从亲密程度考虑的话，亲属称谓、姓名称谓>社会称谓、指代称谓；如果从正式程度考虑的话，社会称谓、

---

① Janet Holmes 著、李悦娥简介：《〈女性、男性与礼貌〉简介》，《当代语言学》2001 年第 1 期。

② 吴为善：《认知语言学与汉语研究》，复旦大学出版社 2011 年版，第 206 页。

指代称谓>亲属称谓、姓名称谓。此外，在每种称谓的内部，也有一定的级差，如在社会称谓中，职务的称谓，特别是较高职务的称谓，要比职称、职业等称谓正式，尊敬程度高。在姓名称谓中，名或小名的称谓要比姓的称谓的亲密程度高，姓的称谓又比全名称谓的亲密度高。当然，在具体的语言使用中，我们还要考虑称谓语的合适性问题，要在保证语用适宜的前提下体现级差。

第二，致歉标志语。语义程度上的差别，能反映它们所表达致歉度的差别，所以，语义上有"赔罪>道歉>对不起>抱歉>不好意思"的级差，它们所表达的致歉度也有这种"量"上的级差。即一般情况下，选择使用"抱歉"要比使用"不好意思"表达出的致歉度高，依次类推。

第三，程度副词。从前文的描写我们知道，致歉标志语"对不起、抱歉、不好意思"都可以受程度副词修饰，众多程度副词也有语义上的差别，如"万分"的程度要高于"十分"，即"万分对不起"的歉意程度要高于"十分对不起"的。

第四，语气词。据齐沪扬的研究①，典型的语气词呈离散状态，分布在连续统的不同部位上：

的	了1，呢2	啊	吧	呢1	吗
传信功能			传疑功能		

可见，语气助词在传信功能上是有程度差别的，"的"和"了1"具有较强的传信能力，"啊"和"吧"相对弱了一些。它们用在致歉语句中，从传递致歉真诚的能力角度看，应有"的>了1>啊>吧"这样的级差。

(二) 句法手段

"Givón (1990) 从语言表达式越长表达的概念信息量越大这个规则出发，认为语言成分的量与被处理信息的重要性和可预测性是相对应的。""修饰性结构就是一个很典型的例证。在任何一个语言里，若形式X修饰形式A，XA在概念上一定比A复杂，而XYA则比XA复杂，XYZA比XYA复杂。"② 致歉言语行为中，某些组合规则的使用反映出致歉程度的差别。

---

① 齐沪扬：《情态语气范畴中的语气词的功能分析》，《南京师范大学文学院学报》2002年第3期。

② 吴为善：《认知语言学与汉语研究》，复旦大学出版社2011年版，第208页。

第一，程度副词与致歉标志语组合，形成状中结构。

致歉语句中，程度副词（X）修饰致歉标志语（A）形成的状中结构（XA）一定比致歉标志语（A）所表达的歉意程度高。例如，在体现歉意程度上，"很对不起>对不起"。

第二，致歉标志语与程度副词组合，形成述补结构。

致歉语句中，致歉标志语（A）受程度副词（X）补足形成的述补结构（AX）一定比致歉标志语（A）所表达的歉意程度高。例如，在体现歉意程度上，"对不起得很>对不起"。

第三，基本句法格式。

致歉语句中，致歉标志语所组织的基本语句也体现着"数量象似性原则"。例如，在体现致歉度上，"我对不起你"＞"对不起你"＞"对不起"。

（三）重叠手段

"在现实生活中，我们会将两个或多个相同的物体归在一起，会在一段时间内重复相同的动作，会表达某种状态的程度的加深。""语言成分的重叠或重复显然增加了成分的数量，是语言形式复杂化的表现；而语言形式的'量增'，必然导致概念意义的'量增'，只是这种'量增'不一定是简单的量的增加，体现的是一种范畴量的变化。"①

第一，致歉标志语的叠用。

致歉语句中，致歉标志语的重叠复杂化了语言形式，语言形式的"量增"势必引起致歉语义的"量增"。例如，在表达歉意程度上，"对不起，对不起>对不起"。

第二，修饰致歉标志语的程度副词的叠用。

致歉语句中，程度副词的重叠复杂化了修饰语的语言形式，修饰语形式的"量增"势必引起修饰程度的"量增"，继而实现其所在致歉语言结构的语义"量增"。例如，在表达歉意程度上，"非常非常对不起>非常对不起"。

第三，致歉句法结构的叠用。

致歉语句中，致歉标志语所组织的语言结构的重叠复杂化了语言形式，语言形式的"量增"势必引起致歉语义的"量增"。例如，在表达歉

---

① 吴为善：《认知语言学与汉语研究》，复旦大学出版社 2011 年版，第 209 页。

意程度上,"实在抱歉,实在抱歉>实在抱歉","我抱歉,我抱歉>我抱歉"。

(四) 策略手段

致歉策略除了可以指导实施致歉言语行为,它们在表现致歉语义的程度上也有一定差别,能体现歉意程度的高低。虽然,致歉策略间很难找到十分清晰的等级序列,但在人们的言语经验中,大致的等级还是有的。如陈述冒犯事实、解释冒犯原因等所表达的歉意程度较低,承认错误、直接表达歉意、保证改过自新、请求谅解等所表达的歉意程度相对较高,而请求惩罚、自我贬损等所表达的歉意程度就更高一些。

同时,即使是同一个策略,其在语言表达上的复杂程度的差别,也能体现致歉度的差别。例如,同样是因为"迟到"致歉,使用解释冒犯原因策略,如果是认真地解释来龙去脉就要比简单说明原因表达的歉意程度高。"我提前一个小时就出发了,路上遇到交通事故,堵车,想打车都打不到"应该比"路上堵车了"的歉意程度高。

二 非语言方式

致歉言语行为中,非语言方式是丰富多彩,复杂多变的。不太可能找到很规则的级差,但大致的程度差别还是能区分的。如,同样是说"妈,对不起!",笑呵呵地说、一脸惭愧地说、哭着说、跪下说,致歉度是不一样的,应该是越来越高的。

三 复合方式

(一) 不同方式的复合

语言方式仅是一个平面,与非语言方式结合,才能产生声情并茂的语用立体效果。日常生活中,人们迫于一些特殊原因,不得不利用电话、书信或其他方式致歉时,就失掉了或表情、或声音等非语言因素的助力效果。所以,多数情况下,人们都是当面表达歉意,把语言方式与非语言方式复合使用。

(二) 不同手段的复合

致歉语句中,我们常常能看到多种语言手段的使用,这些语言手段的复合使用来共同完成致歉言语行为。语言手段的丰富多样自然能实现语言形式的"量增",能从多个角度表达致歉的真诚,从而实现歉意程度的

"量增"。

(三) 相同手段中不同语言个体的复合

致歉语句中,每种致歉语言手段下的多个个体也能复合使用,如程度副词修饰致歉标志语的手段中,"实在很抱歉"应该比"很抱歉"表达出的歉意程度高。

(四) 致歉策略的复合

我们依据"数量象似性原则"认为致歉策略复合所指导实施的言语行为比其中某一策略所指导实施的言语行为表达出的歉意程度要高。这里的复合可以是多个策略种类的复合,也可以是同种类策略多次使用的复合。也有其他学者提出类似观点,"在道歉的语力上,道歉必有手段的两两组合或者是三者共现,比相应的单一道歉手段力量要强"[①]。

"相对简单的概念普遍由相对简单的形式表达,而相对复杂的概念则普遍由相对复杂的语言结构表达,处于两极之间的概念的表达形式则依语言不同。"[②] 我们结合本书研究,将此观点具体化些:相对低的致歉度普遍由相对简单的形式表达,而相对高的致歉度则普遍由相对复杂的语言结构表达,处于两极之间的致歉度的表达形式则视具体情境不同。

---

① 李军:《道歉行为的话语模式与语用特点分析》,《语言教学与研究》2007年第1期。
② 吴为善:《认知语言学与汉语研究》,复旦大学出版社2011年版,第206页。

第五章

致歉言语行为的制约因素

言语行为同其他社会行为一样，其实施将受到各种社会因素的制约，这些社会因素构成了我们常说的"语境"，同时，也将受到行为主体的相关因素的制约。对于致歉言语行为来说，它的实施也将受到这些因素的影响，我们认为致歉主体对致歉言语行为的态度主要影响该行为发生的可能性，对相关社会因素的推测和评估主要制约行为发生的方式。此外，致歉言语行为是引发性言语行为，也就是说它的发生是有原因的，是冒犯行为引发的，所以，冒犯行为也是致歉言语行为的制约因素，而且是最重要的制约因素，它既影响致歉言语行为发生的可能性，也制约其发生的方式。下面逐一阐述致歉言语行为的制约因素。

第一节 冒犯行为因素

冒犯行为是一种冲突性行为，其实施客观上会威胁被冒犯者的面子，甚至会使被冒犯者身体受到伤害，财物产生损失，使其在交际中处于不利地位。胡剑波认为冒犯"是偏离社会规范的，不礼貌的，结果是令人不快的"[1]。可见，冒犯行为的结果是有待缓解、修正、补救的。冒犯行为是实施致歉言语行为的根本原因，会直接或间接促动致歉意图的产生。

冒犯行为从不同的角度可分出多种类型，以往的学者做出了相关的研究。比较著名的有霍尔姆斯（Holmes），他把冒犯行为分为六类：第一类，给听话人带来不便的行为；第二类，对别人空间的侵犯行为；第三类，涉及打断别人的谈话或违反其他礼貌交谈的规则的行为；第四类，涉

---

[1] 胡剑波：《冒犯称谓语研究》，上海交通大学出版社2009年版，第5页。

及浪费另一个人的时间或威胁听话人面子的行为;第五类,损坏或丢失了听话人的所有物,损坏或移动了听话人的东西的行为;第六类,社交失礼,即道歉者违反了社交礼仪规则而做出的引起听话人不悦的行为。(Holmes,1990:159)[1] 霍尔姆斯的分类为我们明确了对一些具体冒犯行为的认识,如侵犯别人空间、浪费别人时间、打断别人谈话、损坏别人财物等等,但我们也不难发现其分类中的不足。首先,分类界限不清晰。如第六类和第二类、第三类之间,其实侵犯别人空间、打断别人谈话等行为本身也是社交失礼的行为。又如第一类和第四类之间,浪费别人时间的行为与给人带来不便的行为往往会互有交叉。其次,分类标准不明确。其中第一类、第四类、第六类是相对概括的行为,第二类、第三类、第五类是相对具体的行为。此外,第四类似乎找不到一个归类标准,"浪费另一人的时间"与"威胁听话人面子"两种行为是建立在哪种共性之上归为一类,让人难以理解。最后,分类对象不全面。冒犯行为千差万别,种类繁多,在所列的六种类型中,至少缺少一种类型,即对被冒犯者身体构成损害的行为,而且这是一种较重的冒犯行为类型。可见,对冒犯行为的分类存在如下困难:分类对象的繁杂性,分类界限的模糊性,分类标准的难择性。如果对其作较为细致、具体的分类是一件很困难的事情,著名学者霍尔姆斯的研究已经是这种尝试的反例。鉴于以上对冒犯行为的分类情况,以及本书的研究对象,我们将冒犯行为作更为概括的分类:精神性的冒犯行为和物质性的冒犯行为。精神性的冒犯行为可以涵盖霍尔姆斯分类中的第一、二、三、四、六类,主要是造成对被冒犯者心理的冒犯;物质性的冒犯行为可以涵盖霍尔姆斯分类中的第五类及其分类中忽略的对被冒犯者身体的冒犯。

第二节 致歉方对致歉言语行为的态度

"在环境对语言词语的映射过程之中,必然会受到认知模式、生活方式、活动需要等的制约。认知语言学家强调了人的认知对语言的决定作用,认为:语言不是直接反映客观世界,而是有人对客观世界的认知介于

---

[1] 转引自周林艳《致歉言语行为研究》,硕士学位论文,吉林大学,2008年。

其间，即现实→认知→语言（沈家煊，1993）。"① 认知是主体——人的活动。主体对致歉言语行为的态度是他们建立致歉言语系统的前提，影响其致歉意图产生的可能性及致歉言语行为发生的概率，具有非常重要的指导作用和研究意义。本书采用问卷调查的方法收集人们对致歉言语行为的态度。

一 调查问题和结果

问题：作为致歉方，你认为致歉难不难？请解释你所持观点的原因。

这里列举的调查结果是依照受试回答出的较典型答案所作的初步整理而得。

第一种观点：不难。182人次持本观点，具体原因如下：

（1）如果真是自己做错了什么，那么道歉是应该的。　　　　45人次

（2）在生活中，难免在人际交往时做错事。人非圣贤，孰能无过。知道自己错在什么地方，知错能改。　　　　37人次

（3）如果做错了事情，要勇于承认错误。　　　　3人次

（4）道歉并不是一件困难的事，可耻的事。自己做错了事就应当承认并尽力补救。　　　　1人次

（5）要考虑到对方的感受。　　　　3人次

（6）只要在乎对方的感受，并且珍惜和对方的关系，就会自然而然地道歉。　　　　3人次

（7）有些人如果你向她（他）真诚地道歉，他会明白自己对于你是重要的，你很重视这个问题。　　　　2人次

（8）因为要时刻尊重他人，"对不起"也是一种对别人的尊重。

　　　　1人次

（9）因自身的原因给他人造成损失，错误在己，理亏在己，理应向人致歉。这是作为一个自然人的基本道德修养。　　　　7人次

（10）能体现自己是有素质和修养的人。　　　　5人次

（11）礼仪习惯，个人修养，我们从小就学习礼貌用语。　　　　3人次

（12）认清了自己的错误，道歉就能化解一次不愉快发生，巩固人与

---

① 转引自何自然《认知语用学——言语交际的认知研究》，上海外语教育出版社2006年版，第58页。

人之间的感情。 11人次

（13）致歉应是社交能力之一。如果是有自己错误应主动跟对方道歉，这样才能使人际沟通达到和谐，帮助我们社交成功。 11人次

（14）只有取得别人的原谅，才能再次得到他人的信任。 3人次

（15）确实是自己的过错，那么就应当承担自己有过错的责任，诚恳致歉，从心底里反思自己，这样我们的心里才会得到真正的解脱。 9人次

（16）道歉不仅是求别人的宽容，也是求自己的心安！ 6人次

（17）只要你真诚地道歉，就会得到原谅的。 13人次

（18）只要发自内心。 4人次

（19）道歉就是个人态度问题，心到人知。 1人次

（20）我个人不是一个小心眼的人，只要对方不是故意的，诚心道歉，我都会原谅。反过来想，我认为道歉很容易。 1人次

（21）我认为道歉不难，因为做错了事就应该承认错误。但困难的是取得对方的原谅，因此道歉时一定要发自内心，否则还不如不说。 1人次

（22）虽然口头道歉有点尴尬，但还是可以利用手机或留言来实现的。这样可以让受歉方自己一个人冷静地作自己的判断。 2人次

（23）有时候，难免会做错事。道歉的话只是随口而出的而已，根本不需要考虑。 2人次

（24）如踩到别人的脚时很习惯说一句"抱歉"。道歉只是一句话。
1人次

（25）有时候我们会碍于身份、地位的差别或情境的问题不能做出道歉，这种行为是不对的。道歉虽然身份不同会用不同的措辞，但在受歉人面前没有身份的高低之分。 1人次

第二种观点：难。43人次持本观点，具体原因如下：

（1）面子问题。觉得难以启齿。 19人次

（2）爱面子。即使认识到错误，也会因为自尊心，不允许自己说自己错了。虽然我明白，但还是不好意思。 4人次

（3）郑重的道歉会不好意思，丢面子。 2人次

（4）明明知道自己做错了事情，但碍于面子，不想道歉。 2人次

（5）关系近的朋友，觉得道歉会疏远关系；关系远的朋友，觉得道不道歉无所谓；自己不喜欢的人更不愿跟他道歉。 2人次

（6）双方都在不良情绪时，道歉不仅不会有理想效果，反而会加大

摩擦。   1人次

（7）有的时候，认为凭两个人的关系，道歉是不必要的。有时面对特别熟悉的人，很难说出口。   1人次

（8）像破碎了的花瓶，想恢复原来一样不太可能。   1人次

（9）没有好的道歉方法，可能会适得其反。   3人次

（10）因为道歉对象的性格有所不同，道歉所采用的方式和技巧不同。需要符合对象的性格特点。   1人次

（11）怕被对方拒绝。   4人次

（12）担心自己很难下台阶。   4人次

（13）因为很多时候人都不会意识到自己错了。   3人次

第三种观点：视情况而定。35人次持本观点，具体原因如下：

（1）关键看对方是谁，和你关系是否到位，亲情、友情，只要觉得值得。自己错了，没什么难的。   9人次

（2）对于一些人不难。可当你面对的是你足够亲近，从不客套的人时，我认为我说不出口。当面对的是你不愿意向他低头的人时，也很难。
                                                3人次

（3）熟人道歉难；不熟的人，做对了就不道歉，不退让，做错了一定认错。   2人次

（4）如果是关系密切的人，如父母、情侣、好朋友，则不难。如果一般关系，则很难，碍于面子。有可能不熟悉等。   2人次

（5）如果是好朋友间，道歉会比较容易；如果是长辈的，会很难。不好意思表达。   2人次

（6）因人而异。就受歉方的性格而言，外向的人也许会比内向的人更易接受。   1人次

（7）一些生活中常见的，如踩人脚，洒了水在身上，都容易道歉；可一些原则上的，或涉及事理的就很难。比如说在某场合不经意说错话就不好意思再向人提起。   10人次

（8）真是自己有错，道歉不难。如果双方都有错或者对方错得严重的时候，道歉就难了。   1人次

（9）小事道歉可以被原谅。大事即使道歉也不会被原谅。 1人次

（10）不诚意的道歉不难。发自内心的道歉难。   3人次

二 调查结果分析

作为致歉方的主体对于"致歉难不难"的看法将直接影响致歉行为实施的难易程度。从调查结果看,绝大部分受试(共 182 人次,占 70%)认为致歉不难,一部分受试(共 43 人次,占 16.5%)认为致歉难,少数受试(共 35 人次,占 13.5%)认为"要视情况而定"(见图 4)。

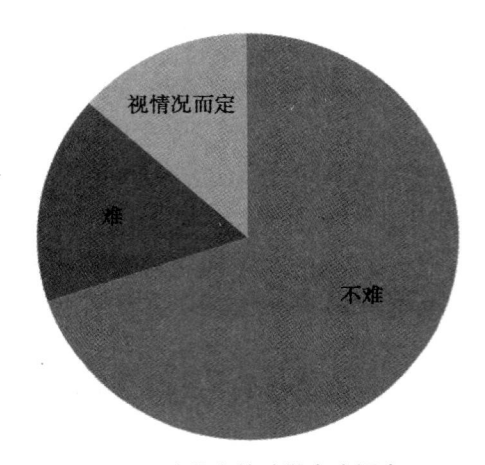

图 4 致歉方的致歉态度调查

(一)认为致歉"不难"的解释大致可体现为六类

第一,致歉能体现责任感。这是多数人的解释。从(1)到(4)都是此类解释,共 116 人次,占 63.7%。如"如果真是自己做错了,那么道歉是应该的","在生活中,难免在人际交往时做错事。人非圣贤,孰能无过。要知道自己错在什么地方,知错能改"等都是有代表性的解释。

第二,致歉能体现"在乎"对方。从(5)到(8)都属于此类解释的代表,共 9 人次,占 4.9%。

第三,致歉能体现个人礼貌、修养。从(9)到(11)都属于此类解释的代表,共 15 人次,占 8.2%。

第四,致歉能维护双方人际和谐。从(12)到(14)都属于此类解释的代表,共 25 人次,占 13.7%。

第五,致歉能平复个人内心不安。从(15)到(16)都属于此类解释的代表,共 15 人次,占 8.2%。

第六,致歉只要真诚,就能获得成功,所以没什么难的。从(17)

到（20）都是此类解释的代表，共 19 人次，占 10.4%。"真诚"是一种态度，是每个人都具备，每个人都能提供得出的，从这个意义上看，提供"真诚"是一件相对容易的事。虽然"道歉只要真诚，就能获得成功"的观点过于绝对，但反映着致歉方对其以往致歉经验的一种认知，以这种认知为"大前提"，提供真诚是一件相对容易的事为"小前提"，致歉方自然会得到致歉"不难"的结论。

以上六类"致谦不难"的原因分布情况见图 5。

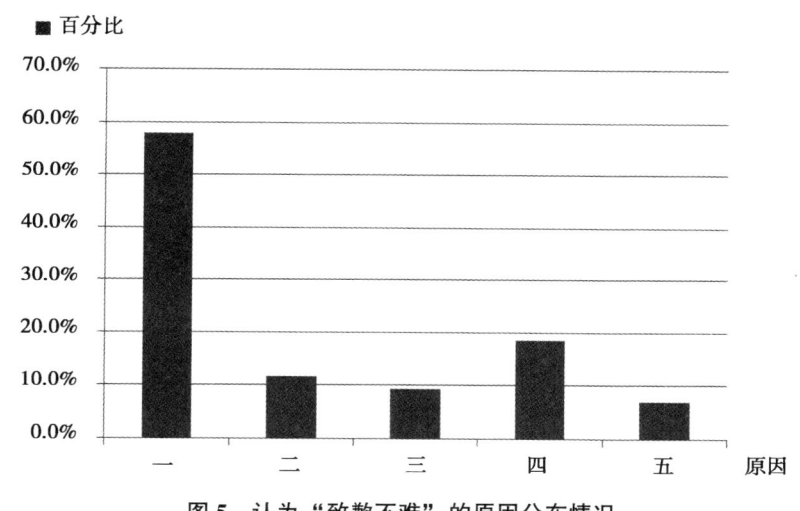

图 5 认为"致歉不难"的原因分布情况

这里我们需要注意一点：虽然认为"致歉不难"的受试比例很高，但其中一些受试的结论是建立在对致歉行为粗浅、片面的认识之上的。所以，他们的观点虽然是"不难"，但按他们的认识想获得致歉成功的效果将会很难。如"道歉的话只是随口而出的而已，根本不需要考虑"，这是一种"不走心"的不真诚致歉，特别是对于冒犯较重的行为，这种致歉很难获得成功，就像一位受试所说"道歉时一定要发自内心，否则还不如不说"。

（二）认为致歉"难"的解释大致可体现为五类

第一，爱面子，难以启齿。这是比例最高的解释。从（1）到（4）都属于此类解释的代表，共 25 人次，占 58.1%。

第二，错误观念的误导。从（5）到（8）都属于此类解释的代表，共 5 人次，占 11.6%。

第三，没有好的道歉方法。如从（9）到（10）是此类解释的代表，共4人次，占9.3%。

第四，担心对方的态度。如从（11）到（12）是此类解释的代表，共8人次，占18.6%。

第五，意识不到自己的错误。如（13）是此类解释的代表，共3人次，占6.9%。

以上五类"致谦难"的原因分布情况见图6。

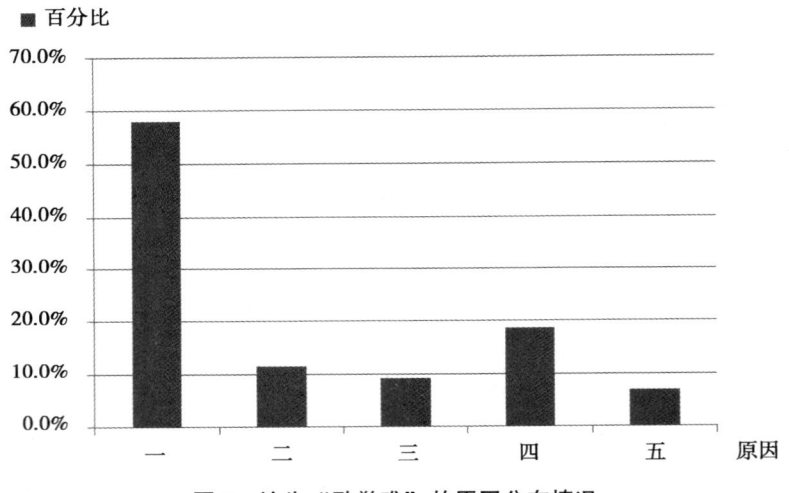

图6 认为"致歉难"的原因分布情况

（三）对"致歉难不难"的判断要"视情况而定"的解释大致可体现为三类

第一，"看人"定。从（1）到（6）都是此类解释的代表，共19人次，占54.3%。

第二，"看事"定。从（7）到（9）都是此类解释的代表，共13人次，占37.1%。

第三，"看态度"定。如（10）是此类解释的代表，共3人次，占8.6%。

持此类观点的人数虽然最少，但这些人往往对致歉行为的理解都比较深刻。

以上三类要"视情况而定"的原因分布情况见图7。

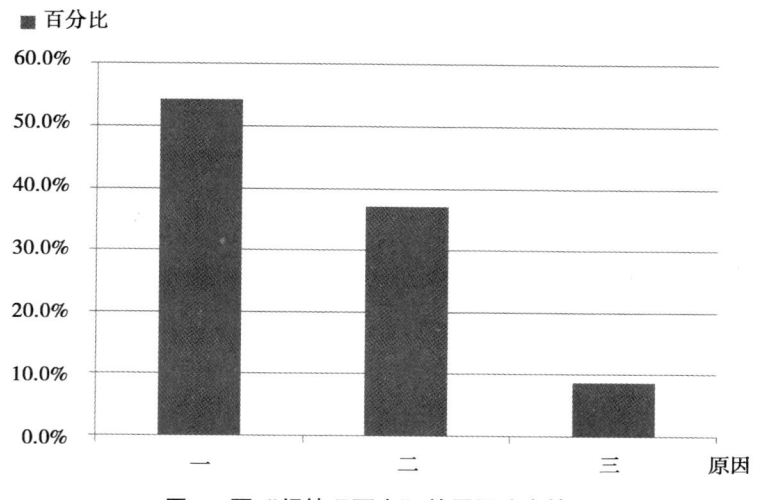

图7 要"视情况而定"的原因分布情况

三 由调查结果分析受到的启示

第一，持"致歉不难"乐观心理的人是主流。虽然这其中有一些盲目乐观的人，但并不影响此类人群的主流地位。持"致歉难"悲观心理的人是少部分人。主流群体中存在的责任感、同情心、羞耻感等是对汉民族社会优秀传统文化的承袭，是社会人群中的正能量，应该通过全社会的积极宣传、复制、肯定来不断巩固、扩散、传承下去，使其扎根于每个社会成员的心中，提升素质、修养，影响、指导人们的言谈举止，自然也能影响、指导人们的致歉言语行为。这些正能量的宣传、复制和肯定可以通过大众传媒、影视作品、教育系统、家庭成员、人际交流等各种渠道实现、完成。巩固人们的积极态度，促进致歉言语行为的高频、高效实施。

少部分人群的悲观心理可以分类解决，如"爱面子"，这是一种观念、认识上的误区，"面子"是自己的社会地位、存在价值、人格尊严等的抽象，所以，"面子"很大程度上是所在人群赋予的。客观上讲，致歉行为是让致歉方损失"面子"的行为，但如果你实施了一次大方、得体的致歉，致歉后的影响可能再次让你获得人群的赞赏，获得新的"面子"。致歉后获得的新"面子"与致歉初"面子"的损失孰多孰少，往往还不得而知，有可能最后衡量下来你还赚得了"面子"。况且，虽然实施致歉是损失"面子"的行为，但如果你做错了事情冒犯他人，却不致歉将被所在人群视为不礼貌的行为，其后果也是损失"面子"的行为，有可能后者损失的"面子"更多。所以，我们应该树立正确的"面子"观，通过正常、合理的渠道、方式争取"面子"，维护"面子"，这是一种积极向上的人生态度，若用这种刻板、迂腐的方式维护"面子"就不是一种明智的选择了。再如"其他错误观念的误导"，"没有好的道歉方法"，"意识不到自己的错误"等难处正是本书研究准备解决的一些问题，本书尝试帮助人们对致歉言语行为有个清晰的认识，树立关于致歉言语行为的正确观念，总结切实有效的致歉方法等，所以，人们可以通过接受指导、读书学习、实践尝试等多种方式逐渐地克服以上悲观心理。最后，"担心受歉方的态度"，这是个致歉方不可控的因素，只能依赖全社会人民素质的提高和"换位思考"的心理来逐渐解决。因为今天你是受歉方，明天你可能就变成致歉方，大家都保持一颗宽容理解的心，当某一天，你需要被谅解时，你也将会被宽容对待。只要致歉是真诚的，有修养的受歉方一般都会"得饶人处且饶人"，不会"得礼不让人"。所以，我们认为作为交际主体的个人转换于致歉方和受歉方两种角色中，应该贯彻"严于律己（做致歉方时），宽以待人（做受歉方时）"的原则。我们为以上调查中发现的"致歉难"的原因逐一寻求可行的解决办法。从理论上说，持"致歉难"悲观心理的人应该越来越少，直至全民大方、得体地致歉，营造和谐的人际关系和社会氛围，为构建和谐社会贡献一份微薄力量。

第二，作为致歉方的主体要克服"两对矛盾"才能顺利开始致歉。第一对矛盾是致歉事件中的致歉方的积极表现和受歉方的消极回馈。如果受歉方的回馈是正向的，将巩固致歉方的乐观心理，提高其下一次致歉的积极性；如果受歉方的回馈是负向的，将加深致歉方的悲观心理，降低其下一次致歉的积极性。所以，致歉方对受歉方负向回馈的担心是影响其实施致歉的消极因素。第二对矛盾是致歉方心中的歉疚心理和"爱面子"心理。致歉方的交际角色是由冒犯方转换而来的，作为冒犯方，给他人造成某种损失或伤害，自然会怀有歉疚心理。致歉方的社会角色赋予其一定量的"面子"，致歉行为是承认自身不足、缺点、错误等的行为，是损失"面子"的行为。所以，致歉方担心损失自己的"面子"是又一个影响其实施致歉的消极因素。两对矛盾中各有一个是使致歉方觉得"致歉难"的因素，如果致歉方想顺利实施致歉，那么他（她）一定要克服两对矛盾中消极因素的影响。

第三节　交际主体个人因素及其差别

言语交际必然涉及人的因素，交际意图的落实和理解都离不开主体及其自身认知状况的参与。"心理学认为，人的主体认知（或知觉）包括对自我的认知、对对方及他人的认知和对交际双方相互关系的认知。"[1] 我们从言语经验中知道，"参与特定交际的人都会从主体的认知出发，预测对方所能适应的话语形式而使交际意图得到有效的标识"[2]，致歉言语行为中，致歉方从他所认知到的相关制约因素出发，预测受歉方可以接受的话语形式而使致歉意图得到有效的标识。此处强调两点：一是影响致歉方话语形式选择的制约因素必须是他（她）认知到的，因为主体自身的状况以及主体之间的关系都是一种客观存在，如果致歉方没有认知到这种客观存在，他（她）的言语行为就不会受其影响，选择话语形式时也不会受其制约。只有交际主体把对自身、对方及相互间关系的认知转化为言语经验的一部分，在下一次的类似言语交际中预存的经验才能被提取出来参与言语行为的实施。二是这里所说的言语经验并非某个一般个体的言语经验，而是某个群体普遍认可、惯常表现的大众言语经验。主体因素包括主体的地位、性别、年龄、职业、性格、情绪等以及主体间的社会距离、权势关系、性别差别、年龄差距等，这些因素都或多或少地影响致歉方话语形式的选择。下面逐一作以阐述。

一　主体间的社会距离

这是体现主体之间关系的因素之一。社会距离是指人与人之间所感知的相对的空间，是社会关系的一种体现。[3] 人的本质属性是社会性，不能脱离人群而存在。在与他人的接触中，人们会逐渐地建立起一种社会关系，或是亲密关系，或是相识关系，或是擦肩而过的陌生关系，这些关系在人们的心里体现着一定的心理距离。这个心理距离随着人们与他人交往

---

[1] 车文博：《心理学原理》，黑龙江人民出版社1997年版，第391—396页。
[2] 吕明臣：《话语意义的建构》，东北师范大学出版社2005年版，第93页。
[3] 肖涌：《汉英致歉策略在社会距离中的分布》，《西南交通大学学报》（社会科学版）2005年第5期。

的变化而处于动态的变化中，在一定程度上影响着人们之间的言语交际行为（见表10）。

费孝通先生揭示了汉民族社会的人际关系是种"差序格局"，是以己为中心，依据关系的远近而向外扩展、排列而成的差序式的人际关系格局。[1] 即人们在人际交往中，以自己为中心，以自我判断的社会距离为衡量，把交际对象由亲到疏、由近及远做出排列，分出亲近的人、相识的人、陌生的人等。亲近的人包括家人、常联系的亲属、要好的朋友等，这些人和自己的关系或建立于血缘，或建立于亲情，或建立于共同的志趣爱好、成长经历等浓厚的感情基础之上，是非常稳固、亲密的关系。在这种人际关系的维系上，人们往往是从"大礼"着手，注重"孝""爱""忠""义"等，往往不拘小节，特别是繁文缛节。相识的人包括同事、同学、同乡、战友、有过接触的远亲、一般的朋友等，这些人和自己的关系一般建立于有过共同的工作、学习、地域、家族、兴趣等生活内容的基础之上，是有一定情感基础但还有些心理距离的关系，是有待进一步稳固、亲密的关系。在这种人际关系的维系上，人们往往是从"小礼"着手，注意细节，甚至是繁文缛节，从这些"细节"上体现出你对对方的尊重、在意，也体现出你的修养、素质。因为人们大都希望自己有良好的人际关系，有更多的要好朋友，在人们的"差序格局"人际关系中，新确定的要好朋友只能从相识关系的人群中产生，即使不能成为要好的朋友，也不能让相识关系的人认为自己"失礼"，从而渐渐地失去良好的人际关系，所以人们在与这个人群的人际关系处理上更关注细节、礼仪。陌生的人是和自己几乎没有情感投入的人，相互间心理距离疏远，生活内容仅有"点"的交叉或根本没有交叉。在这种人际关系的维系上，人们往往是从"基礼"着手，注意基本礼节、基本尊重，表现出基本礼节，至少别让别人受到伤害，至少别让别人认为自己没有修养，至少别破坏原本和谐的人际关系。

中国人的社会距离观念对致歉言语行为有较大的影响，对致歉策略的选择以及致歉话语形式的选择都有制约。对于亲近的人，致歉方往往选择间接、委婉的致歉策略，如关心、解释等，话语形式也相对随意，不那么正式，甚至情节较轻的冒犯就不致歉了。较少对亲近的人使用直接致歉策略和明确的致歉标志语，如果用很正式的方式致歉，不但致歉方损失较多

---

[1] 费孝通：《乡土中国·生育制度》，北京大学出版社1998年版，第26—28页。

面子，受歉方也会觉得不舒服，使他（她）觉得致歉方似乎在有意拉远原本亲密无间的人际距离。因为致歉言语行为本身还是种礼貌行为，如"对不起"就是个典型的礼貌语，它是一种"小礼"礼节，按照我们惯常的理解：亲近的人之间不拘小节，拘于小节就不够亲密，所以，亲近的人之间不宜使用很正式的方式致歉。对于相识的人，致歉方往往选择相对复杂多样的致歉策略，以确保致歉的成功、有效。人们在亲近的人面前展现的往往是"真实的自我"，而在相识的人面前展现的往往是"完美的自我"。此外，相识的人是自己最大、最基础的人力资源储备，是成为自己要好朋友的备选对象，所以，致歉方要通过一个完满的致歉确保实现除了满足受歉方的补偿需要外，也要实现挽救自己的完美形象以及重建双方和谐人际关系的目的，这些值得让他（她）拘于小节地去设计一下自己的道歉方式。对于陌生的人，致歉方往往选择单一的直接致歉策略，这种致歉在很大程度上是出于致歉方的礼貌表现和对受歉方的基本尊重。一般情况下，陌生人之间的致歉话语形式就是致歉意图的标识语，言简意赅，既符合语用经济原则，又适合陌生人间交际的大多数情境，因为陌生人间的交际往往是偶然间"点"的交叉，如你在超市里踩到别人的脚，没有人会站下来花时间听你长篇大论的致歉。李琳认为，对与自己社会距离远近不同的人选择不同的道歉语、道歉方式说明语言中存在社会意识，在这种社会意识的支配下将产生不同的话语模式[①]。

表 10   社会距离因素对致歉方言语行为的影响

人际关系类型	社会距离远近	维护人际关系策略	致歉策略	致歉话语表现
亲密关系	近	践行"大礼"	间接、委婉的致歉策略，如关心、解释等，甚至情节较轻的冒犯就不致歉了。	话语形式也相对随意，不那么正式，较少对亲近的人使用直接致歉策略和明确的致歉标志语。
相识关系	中	注重"细礼"	致歉方往往选择相对复杂多样的致歉策略，以确保致歉的成功、有效。	致歉方要通过一个完满的致歉确保实现除了满足受歉方的补偿需要外，也要实现挽救自己的完美形象以及重建双方和谐人际关系的目的，这些值得让他（她）拘于小节地去设计一下自己的道歉方式。

---

① 李琳：《试论批评言语行为中的性别话语模式》，《湖南社会科学》2005 年第 5 期。

人际关系类型	社会距离远近	维护人际关系策略	致歉策略	致歉话语表现
陌生关系	远	保持"基礼"	致歉方往往选择单一的直接致歉策略，这种致歉在很大程度上是出于致歉方的礼貌表现和对受歉方的基本尊重。	致歉话语形式就是致歉意图的标识语，言简意赅。

二 主体的地位及其差距

社会关系主要体现为对称关系和不对称关系两种，其中对称关系体现为同一关系，而不对称关系主要表现为权势关系。[①] 权势关系基本是由主体的社会地位决定的。在社会格局中，每个人在一定时期内都会有一个相对稳定的位置或角色，这也就是他的社会地位，而每个人都有义务扮演好自己的社会角色，否则就会出现"角色错位"的尴尬局面。

中国社会受传统等级观念的影响深远。封建社会的三纲五常所讲的"君为臣纲、父为子纲、夫为妻纲"，封建礼制所说的"上下有义，贵贱有分，长幼有序"等观念都是权势关系的体现，今天我们虽然不提倡、不践行这些旧礼，但这些传统等级观念在现代中国社会关系的处理和维护上还是留下深刻印记的。如我们今天还遵从"上尊下卑、长幼有序、卑己尊人、恪守本分"等行为规范，如果违背了这些规范，就是说错话、做错事……会受到社会人群的指责、纠正。所以，我们每个人都要按照社会赋予我们的角色组织自己的言行，在角色上不越位、不缺失，扮演好自己的角色也是初步完成了自己的"形象管理"，使自己成为社会和谐的一个分子，当每个人都成为这样的分子时，整个社会也就处于和谐之中了。

人们的地位及人们之间的权势关系影响着人们的日常行为方式，自然也影响到人们的致歉言语行为实施。这些因素能影响致歉言语行为实施的可能性，也影响致歉策略及话语形式的选择。具体的影响也分不同的情况（见表 11）：其一，冒犯方是地位高的人，被冒犯方是地位低的人。"在中国，道歉言语活动主要是上行沟通或平行沟通，即道歉的进行主要是发生

---

① 顾嘉祖：《跨文化交际：外国语言文学中的隐蔽文化》，南京师范大学出版社 2000 年版，第 326 页。

在社会权势平等的人之间，或是处在社会权势中的低位方向高位方的道歉。但是处在社会权势中的高位方却很少向低位方道歉。"[1] 例如：中国的上级或长辈冒犯了下级或晚辈时，他们致歉的可能性比较低，因为他们担心致歉会威胁自己的面子，中国社会已经赋予了他们高的社会地位，有高的社会地位就有较大的面子，这种无形的"财富"是来之不易的，因此，地位高的人比地位低的人更觉得面子重要，更注重维护他们的面子、他们的社会地位。所以他们在应该向下级或晚辈致歉时，往往拒绝致歉或者回避正面致歉，即使致歉也是经常使用委婉、含蓄的策略，轻描淡写的话语，或者采取日后弥补过失的方式来表达歉意。其实，不仅地位高的致歉方本人有如上的观念和行为倾向，就连地位低的受歉方本人也是比较认可这种观念和行为倾向的。在他们接受道歉时，地位高的致歉方只是表达含蓄、简单的致歉话语往往就能让他们满意，因为他们已经把致歉方的权势量纳入致歉量中。而且，如果地位高的致歉方向下级或者晚辈做出很正式的致歉，往往也会令他们感觉不自在，似乎有接受不起的感觉。其二，冒犯方是地位高的人，被冒犯方也是地位高的人。这时由于是"平行沟通"，冒犯方致歉的可能性很大，但冒犯方是具有较高社会地位的人，致歉会威胁他的面子，所以他会慎重选择适合自己身份的致歉策略和话语形式。策略可能是相对委婉的，如解释、表示愧疚等，话语形式也是经过仔细推敲的，尽量表达出足够的歉意，因为对方也是有地位的人，能够辨别出话语背后的真心与诚意，同时，还要尽量保护自己的"面子"。例如，中国的政府官员间的致歉言语行为。其三，冒犯方是地位低的人，被冒犯方是地位高的人。这时是属于"上行沟通"，冒犯方致歉的可能性极大。在这种特殊的权势关系中，冒犯方的致歉不仅是就冒犯行为本身的，而且往往还有更多的衍生考量，如对方是你的上级，他（她）对你是否谅解可能对你今后的工作、生活构成深远影响，如对方是你的长辈，他（她）对你是否谅解可能对你的情感造成一定的负担，等等。所以，地位低的冒犯方极易致歉，而且会努力抉择致歉策略和话语形式，充分表现自己致歉的真诚。他们往往会充满自责地使用多种正式的致歉策略，如明确表达歉意、保证不再重犯、请求惩罚和原谅等多种策略的复合使用。在话语形式

---

[1] 康红霞：《关于现代汉语道歉言语行为的初步研究》，硕士学位论文，天津师范大学，2008年。

上也会使用致歉程度高的标志语、修饰程度高的副词、标志语重叠等多种方式,从而表现致歉的正式以及歉意程度之高,以争取获得地位高的受歉方的真心谅解,重新建立和谐的人际关系。其四,冒犯方是地位低的人,被冒犯方也是地位低的人。这时是属于"平行沟通",冒犯方致歉的可能性较大,不过这时致歉方不会考虑权势因素的制约,实施致歉言语行为主要是受其他相关制约因素的影响。

表 11　　　　　　　主体地位因素对致歉言语行为的影响

主体地位关系	关系情形	致歉可能性	致歉策略	致歉言语表现
不对称关系	致歉方高于受歉方	较低	往往拒绝致歉或者回避正面致歉,经常使用委婉、含蓄的策略,或者采取日后弥补过失的方式来表达歉意。	轻描淡写的话语
不对称关系	致歉方低于受歉方	极大	他们往往会充满自责地使用多种正式的致歉策略,如明确表达歉意、保证不再重犯、请求惩罚和原谅等多种策略的复合使用。	会努力抉择致歉策略和话语形式,充分表现自己致歉的真诚,在话语形式上也会使用致歉程度高的标志语、修饰程度高的副词、标志语重叠等多种方式,从而表现致歉的正式以及歉意程度之高,以争取获得地位高的受歉方的真心谅解。
对称关系	致歉方、受歉方同为地位高的人	很大	策略可能是相对委婉的,如解释、表示愧疚等。	话语形式也是经过仔细推敲的,尽量表达出足够的歉意,同时,还要尽量保护自己的"面子"。
对称关系	致歉方、受歉方同为地位低的人	较大	致歉方不会考虑权势因素的制约,实施致歉言语行为主要是受其他相关制约因素的影响。	

三　主体的性别及其差别

性别是人与生俱来的特征,对人们交际行为的影响和制约是显而易见的。有研究表明,"在公开场合下,一般是男性控制发言。他们发言、提问和打断别人均多于女性,而且更倾向于发起挑战和提出异议。但在非正式场合中,他们则表现得少言寡语。与之相反,女性在非正式场合中表现得较为积极主动。她们总是采用支持鼓励性的语言以使谈话顺利进行下去。在正式场合中,她们则避免与人争夺发言权和打断他人,倾向于采取负礼貌"①。可见,男性使用语言开展交际倾向于理性,重在传递信息;女性使用语言开展交际倾向于感性,重在表达感情。男性在不同场合的语用差异表明他重视公开场合的自我表现,因为这些表现能提高他的声望和地位。女性在不同场合的语用差异表明她重视非正式场合中与人的交流,从而营造融洽的交际氛围与和谐的人际关系。

性别差异在中国社会表现得也很明显,这应该与古代中国"男尊女卑""男主外、女主内"等传统观念的影响及其造就的行为方式的传袭有很大关系。所以,在公开场合,中国男性的行为方式趋于强硬,女性的行为方式趋于委婉。这些行为方式自然也以更具体的表现反映在人们的致歉言语行为中。"男性一般从自我出发,认为道歉是承认失败有损本人面子的行为,因而尽可能避免使用;女性则更能从他人出发,把道歉当作减轻或消除由冒犯带来的不良影响和修复关系的礼貌行为。因此不难想象,道歉最常发生于女性之间,而罕见于男性之间。"② 也有不少中国学者就性别因素对汉语致歉言语行为的影响进行了研究和探讨,如白解红(2000),周娉娣、张君(2002),潘小燕(2004),孙娟娟、王会刚(2009)等。白解红认为女性比男性更愿意选择直接致歉策略;周娉娣、张君认为女性作为致歉的发出者和接受者的可能性都远远高于男性;潘小燕发现女性比男性更愿意使用程度副词"真""十分"等,用来表达更高的歉意。

其实,在社会生活中,男性在很多领域都占据主导地位,女性则处于从属地位,所以,性别差异也是一种"权势"关系的体现。

四 主体的年龄及其差距

年龄是人们相对外显的特征,随着年龄的增长,人们的行为方式也在逐渐变化,如变得稳重、理智等。不同的年龄段,一般表现出不同的行为方式。这不仅是行为人对自我的一个要求,也是其他人对行为人言行得体与否的一个判断标准。在致歉言语行为中,年龄因素影响着致歉方致歉策略和话语形式的选择。如年龄大的致歉方选择间接的策略和委婉的话语实

---

① Janet Holmes 著、李悦娥简介:《〈女性、男性与礼貌〉简介》,《当代语言学》2001年第1期。

② 同上。

施致歉的概率较大，年龄小的致歉方选择直接的策略和明快的话语实施致歉的概率较大。

中华民族素有"尊老爱幼"的美德，致歉方与受歉方的年龄差距也会影响致歉方致歉策略和话语形式的选择。致歉方将自己的年龄作为参照，与受歉方进行以个人估算为尺度的比较，比自己年龄越高越要表现出尊重，比自己年龄越小越要表现出爱护，当然这里被比对象应该是青少年以下的，才有"爱护"的适宜性。致歉方为了在致歉言语行为中表现出足够的尊重和爱护，必然要在致歉策略和话语形式的选择上多加考虑。如向年长者请求谅解，向年幼者表示关心等策略分别能表现出某种程度的尊重和爱护。

我们这里说年龄差距是自然年龄体现在数字上的差值，有别于前文提到的辈分差距，辈分往往也体现出年龄上的差距，但其实质是建立于血缘关系基础上的世系次第，辈分中可以出现长辈比小辈年龄小的情况。辈分差距体现着明确的权势关系，年龄虽然与辈分不同，但是年龄差距也体现出一定的权势关系。

五 主体的职业、性格及情绪

生活中的主体都是多个角色的综合体。致歉言语行为中的致歉方除了具有地位、性别、年龄等角色因素外，职业也是他（她）们的一个角色，这个角色也会潜移默化地影响他（她）的致歉言语行为实施。因为人们的行为往往都是一种习惯，而这些习惯很多都是在长期的职业生涯中养成的，如餐饮、娱乐等行业的从业人员应该更容易致歉，致歉策略和话语形式也应该更复杂多样，因为这可能早已成为他们工作内容中的一部分。相比之下，司法、执法系统的人员应该不容易致歉，即使致歉，话语也可能会生硬、简洁，因为他们的职业让他们习惯了威严和硬朗。有时，职业差别也反映着主体的地位差距，所以在某种程度上也体现着权势关系。

主体性格同样也影响其致歉言语行为的实施。一般来说，性格外向的主体要比性格内向的主体更容易致歉，而且在同样的条件下致歉，性格外向的致歉方一般会有更明快、丰富的话语形式表现。

主体的情绪是其交际时的情感态度，可能是积极的，也可能是消极的。"在积极的情绪下交际者能够自觉地遵守交际规则，交际过程能比较顺利的进行下去；而在消极的情绪下，交际者则有可能会拒绝遵守交际原则，影响交际的顺利进行。"① 主体的情绪对致歉言语行为的影响会更加深远一些。首先，主体的情绪可能影响致歉方致歉动机的形成。其次，致歉方如果以消极的情绪实施致歉言语行为，很可能致歉失败，因为受歉方大都很重视致歉方的真诚，消极情绪下的致歉很容易被觉察到其中的不真诚，所以实施的致歉言语行为最终也将是失败的。最后，受歉方如果处于消极的情绪中，情绪过于激动或失去理智，作为致歉方，明智的选择就是暂时不要致歉，可能的话，待其平静、恢复理智以后，再表达歉意。

第四节 语境因素

语境是语言交际时的环境，它是非常重要的语用因素，能对表达不充分的话语做出意义补充，影响人们语用策略和话语形式的选择。语境包括交际情境、交际背景和交际方式。

一 交际情境

言语交际行为必然发生在特定的时间和空间之中，时间状况和空间状况构成了言语交际的主要情境。主体对时间状况及空间状况的认知状态将影响其交际行为，主体实施的致歉言语行为也将受到时间状况和空间状况的认知状态的制约，影响致歉言语行为的方式、策略及话语形式的选择。

（一）时间因素

从时间角度看，致歉言语行为可分为即时的和延时的两种类型，两种类型在策略和话语形式选择上有一定的差别。即时的致歉言语行为由于顺接在冒犯行为发生的前后，有情境因素的补充，所以致歉方在语用经济原则的指导下，将不再复述冒犯事实，也常常省略对自己和受歉方的指称等，使致歉话语简洁、明快。即时致歉在致歉言语行为中较为常见，因为致歉言语行为是补偿性的，补偿最好是及时的。延时的致歉言语行为是在冒犯行为发生一段时间后，几十分钟、几个小时、几天或几年以后，致歉方才实施的致歉言语行为。由于冒犯行为发生时的情境已经不复存在了，

---

① 王建华、周明强、盛爱萍等：《现代汉语语境研究》，浙江大学出版社 2002 年版，第 239—247 页。

为了顺利开启致歉话题，并且使受歉方尽快建立起关联，识别自己的交际意图，致歉方一般会使用复述冒犯事实策略，不过，有时为了避免重提旧事造成双方尴尬，致歉方会使用模糊复述的策略，用"那天、那次、那一回、那一年"等指称此前发生的冒犯行为。如：

例（1）背景：电视剧《北京青年》中，任知了约何西到咖啡厅，为几天前她喝醉酒，当着丁香面让何西背她回房间，又在房间拉着何西说悄悄话一事，向何西致歉。
"对不起，那天真的很抱歉，给你和丁香姐添麻烦了。"

这种模糊的时间指称要基于致歉方对受歉方认知的预判，也就是说致歉方认为在受歉方的短时记忆或长时记忆中，应该还记得这个冒犯行为，通过自己的模糊指称能够激发受歉方的认知关联，否则，致歉方表达模糊，受歉方不知所云，自然影响到交际的顺利与成功。

某个普通的时间对于某个主体或者某个主体群来说可能是个特别的时间，如生日、纪念日、传统节日等。在这个特别的时间中，人们的情绪应该会有一定的变化，如人们在生日那天都希望得到亲朋的祝福，其他人也愿意在这一天更维护他（她），尽量满足他（她）的愿望，所以，人们在生日那天多数都是处于更加幸福、快乐的积极情绪中。当然，如果那天没有祝福，人们往往会陷于更加哀伤、失望的消极情绪中。在这些特别的时间里，人们往往回避消极的事情，努力趋向积极的事情，因此，人们利用这种心理定式在这些特别的时间处理一些特殊的事情，将令事情的处理具有更多的深意，从而使事情获得满意的效果。致歉言语行为也常常在这些特别时间里实施。如：

例（2）背景：电视剧《北京青年》中，叶坦发现父亲欺骗自己，说他是公司的老板，其实只是公司的财务总监，跟父亲大发脾气。事后叶坦借给父亲过生日的机会，向父亲致歉。
叶坦：爸爸，今天是你的生日，可我先要跟你说声对不起。请你原谅我的不懂事。
父亲：叶坦，说对不起的应该是爸爸。我太虚荣了，太想做一个完美的父亲，却没意识到，完美的父亲，首先是必须有一个幸福的家庭啊。

此例中,女儿和父亲在父亲生日这个特殊的时间,互相为此前他们所做的冒犯对方的事情致歉,都使用了复述冒犯事实策略。在这个特殊的时间里,双方都愿意为了对方的心理释压而承认自己的错误,双方也都愿意接受对方的歉意,原谅对方,消除心理上的隔阂,做一对更加亲密无间的父女。所以,这是一次精心选择,而且也是选对时间的致歉,收到满意的致歉效果是自然而然的事情。

(二) 空间因素

人们之间的空间距离影响他们的行为方式,如相距几十米的两个人传递信息,一般要采取"喊"的方式,并肩坐在一起的两个人要传递信息,就可以采取"窃窃私语"的方式。人际交往中,物理上的距离也被赋予了社会的意义。一般认为人际距离可分为四个区域:"亲密区(50厘米以内,这个区域内只允许非常亲密的人进入),个人区(50厘米至125厘米,这是一般熟人的交流区),社交区(125厘米至350厘米,这是相识,但又不太熟悉的人们从事交流活动的范围),公共区(350厘米至750厘米,它包括所有类型的公众交流)。"[1] 可见,近距离交谈,可表明双方关系密切;中距离交谈,可表明双方关系一般;远距离交流,可表明双方关系比较疏远。在致歉言语行为中,致歉方可根据具体情境及对象,选择合适的交际距离。有时距离过近,可能会使对方感到不安,有一种在心理上对你的强烈排斥;有时距离过远,又会使对方感到被疏远,这些情况都会削弱致歉言语行为效果,甚至导致致歉失败,"在很多情况下,交际双方在物理世界中的所处位置,对于决定某些语言选择及其意义,有很重要的作用"[2]。所以,致歉方要慎重选择交际距离,利用空间距离为自己的言语行为助力、增效。

空间因素的影响还体现在交际场合不同,致歉言语行为的实施情况也不同。交际场合大致可分为私人场合和公共场合,公共场合中由于有第三方在场,人们的言谈举止更加趋于遵守社会规范、重视礼仪礼节、顾及个人声望等;私人场合,人们的言谈举止更加趋于自我情感渲泄、重视个性

---

[1] 陈昕、屠国平:《教师口语艺术》,高等教育出版社2012年版,第119页。

[2] [比利时] 耶夫·维索尔伦:《语用学诠释》,钱冠连、霍永寿译,清华大学出版社2003年版,第116页。

解放、顾及个人舒适等。所以，交际场合的不同影响人们致歉言语行为的表现，影响人们致歉言语行为策略和话语形式的选择，如在公共场合，人们的致歉话语庄重、严肃、规矩，在私人场合，致歉话语往往是平和、自然、随意。如：

例（3）背景：电视剧《心术》中，医生郑艾平没有翻看医嘱就同意李云景老人请假回家看孙子，结果老人在路上脑溢血去世了。院长因本单位医生的失职向老人的弟弟致歉。

"我们感到无比无比的抱歉和内疚。无论怎么样的表达，都不能改变现在的结局。我们医院对李云景老先生的死负有不可推卸的责任。作为院长，我难辞其咎。……这件事情，责任完全在我们院方。错在我们！这个小郑医生，今天他也在这里。我想，经过这件事情，他已经不可能再继续当医生了。但是他的疏忽，那绝对是我们这些教授、副教授、主任、副主任、院长、书记教育监管不得法。其实啊，我们院方没有对李先生尽到责任。我们也感到非常难过。"（向李云景弟弟鞠躬）

此例致歉场合是在墓地，旁观者有李云景老人的众多家属和医院的部分医生。就场合而言，是非常庄重、肃穆的公共场合，而且有众多的见证者，所以，也增加了本次致歉言语行为的正式与真诚的程度。院长使用了明确表达歉意、认可责任、承认错误、提供解决措施等策略，致歉话语郑重、严谨、真诚，最终得到了死者家属的谅解。

例（4）背景：电影《桃李劫》中，陶建平因为自己的妻子不顾廉耻地去巴结她的经理，打了她一记耳光，并骂她"不要脸的东西"，随即后悔、道歉。

"你原谅我，琳。"（猛转过脸来，抱着妻子摇晃，并哭泣着说）

此例致歉场合是在家中，没有其他旁观者，是夫妻间的一次致歉。就场合而言，是私密、温馨的家中。丈夫因为自己的冲动言行而致歉，运用请求谅解策略和亲密称呼语，其话语情真意切，最终得到妻子的谅解。

二 交际背景

言语交际行为总是发生在一定的背景之下，从原则上说，影响其中语言选择的背景因素的范围是无限的。"有的学者也将主体的状况看作背景，我们倾向于将主体的因素分离出去，用'背景'一词专指储存在主体记忆中的社会政治、经济、科学、文化等知识。"① 交际背景对致歉言语行为的影响也是全方位的，如特定人群的文化特点在某种程度上影响着他们对致歉言语行为的态度，在英美文化中，认为致歉是威胁受歉方负面面子的行为，而在汉民族文化中，认为致歉就是一种礼貌行为，不会对受歉方构成面子威胁。总之，交际背景对致歉言语行为的影响是复杂多样的，我们从两个方面大体分析致歉言语行为受到的影响。

首先，宏观上，交际背景影响致歉言语行为的实施可能性及实施方式。因为主体的认知状态影响着他（她）对自己行为的判断，如果自己已经做了冒犯别人或者失礼的事情，但由于自己的认知中并没有这样的背景知识，他（她）是不会有致歉动机的。如：

例（5）背景：电视剧《心术》中，刘三妹自杀了，留下遗嘱委托谷超华（律师）把自己的财产全部捐给国家。霍思邈埋怨谷超华没让刘三妹把财产给医院还她欠医院的医药费。后经谷超华解释，霍思邈才知道把财产捐给国家是医院得到钱的唯一方法。知道错怪了谷超华后，霍思邈向他致歉。

"对不起，对不起，对不起。"

此例中，霍思邈认知状态的变化，促使他做了两种有反差的行为。认知状态未改变前，他理直气壮地埋怨谷超华。经人解释后，认知状态发生变化，他不好意思地给谷超华道歉，而且在知道事实真相以后，他的道歉也是心悦诚服的。

其次，微观上，交际背景影响致歉言语行为的话语形式的选择和理解。这一点也反映出人们的文化和知识水平，特别是汉语中有一些特殊的语言形式，如成语、歇后语、谚语、格言等并不是从字面就能识别其确切

---

① 吕明臣：《话语意义的建构》，东北师范大学出版社 2005 年版，第 94—95 页。

含义的，需要主体通过学习、识记，才能准确使用、正确理解这些特殊的语言形式。如：

  例（6）背景：生活中，教授甲对教授乙说："老朋友，此次登门造访，我是专程来负荆请罪的。"（内省）

此例中，教授甲的话语中运用了背景知识（负荆请罪的典故）标识他的致歉意图。如果说话人（甲）不具备这样的背景知识或者知道听话人（乙）不具备这样的背景知识，那么他（她）就不会使用"负荆请罪"这样的话语形式。因为，如果听话人（乙）不具备这个背景知识，即使说话人（甲）说出了那一系列话语，也无法理解说话人的交际意图，会使交际失败。

三　交际方式

"言语交际方式指的是信息表达和传递的方式，即交际双方用什么样的言语形式作为信息的载体，把自己的交际意图标识出来并传递给对方的一种具体形式。"[①] 从信息传递的角度看，当今世界科学技术突飞猛进，在传统的语音、书信方式基础上，创造出了固定电话、手机、电子邮件、网络聊天、短信息、个人空间、微博、微信等多种多样的信息传递方式。每种方式都体现出或曾经体现出自己的特点和优势，如比传统方式更方便、快捷、信息量大、留存时间长、易于信息管理等。从信息表达的角度看，由于传递方式的大变革，也给信息的表达方式带来许多创新，除了传统的语言文字外，人们开始给文字配以表情符号、表情图片、动漫图画、小视频等，甚至用它们直接替代文字来表达信息，这些新的信息表达方式较比传统的语言文字具有简洁、形象、立体等优势，除了能够"达意"，其实它们更突出的优势是"表情"。所以，人们——特别是年轻的人们——对这些新兴的言语交际方式是非常接受的，并且乐于付诸实践。这些新兴的交际方式虽然各有独自的新颖之处，但它们大都脱离不了传统的口头、书面方式而独立存在，还是要以传统的方式为依托，作为传统方式的一种改良方式而存在，都有一些传统方式的印迹。我们这里无意细致论

[①] 周林艳：《致歉言语行为研究》，硕士学位论文，吉林大学，2008年。

述这些新兴方式各自的优势及差别，还是重点关注传统交际方式对言语行为，特别是致歉言语行为的影响。

传统的交际方式大致可分为口头方式和书面方式两类。"口头交际和书面交际最主要的不同点就在于交际语境的不同，口头交际范围小，情景具体，交际对象在现场，相对的书面交际范围不确定，情景抽象，交际对象不在现场。"[①] 交际方式主要影响着致歉言语行为策略和话语形式的选择。首先，口头致歉和书面致歉选用的策略不同。口头致歉时，交际主体一般都在现场，交际情境中的因素及主体的相关因素能被交际双方显性感知并进入认知加工，语境可以实现对致歉方话语形式的信息补充。所以，在同等冒犯程度下，口头致歉选用的致歉策略相对简单，使用的种类和频次较少。书面致歉选用的致歉策略则相对复杂，使用的种类和频次较多。因为书面致歉交际主体不是面对面的交际，所要传递的信息只能通过书面的话语表达并传递，所以要使用多种策略从多种角度表达，多次使用某种策略，在某个角度上表达充分，从而实现歉意信息的充分表达和明确传递。另外，口语转瞬即逝，且受歉方的短时记忆加工的容量有限，所以口头致歉经常直抒胸臆，先明确歉意，而书面致歉经常有较多的铺陈。其次，口头致歉和书面致歉选用的话语形式不同。口头致歉选用的词语趋于口语体，一般是通俗、易懂的词语；选用的句式简短、精练，还常常省略语境中显而易见的成分。书面致歉选用的词语趋于书面体，一般是正式、文雅的词语；选用的句式复杂、句内修饰成分较多，语法成分很少省略。

---

① 孙维张：《汉语社会语言学》，贵州人民出版社1991年版，第85—96页。

第六章

致歉言语行为的策略

在致歉言语行为中，致歉方产生致歉意图后，综合考虑各种相关制约因素的影响，在语用原则的指导下做出对致歉意图的落实。在落实致歉意图的过程中，致歉方需要做出致歉话语策略和方式的选择，在策略和方式的实现过程中，致歉言语行为也相应实现了。

我们依据对1000多个致歉语例的分析、研究，抽象、概括出致歉言语行为的六大类策略：陈述冒犯事实、解释冒犯原因、表达歉疚情感、提出补偿措施、保证改过自新、请求对方谅解。其中表达歉疚情感是直接致歉策略，其他五大类是间接致歉策略。下面分别阐释。

第一节 直接致歉策略

致歉方表达歉疚情感是实施表达类言语行为，属于实施致歉言语行为的直接策略。表达歉疚情感策略还可以细分为认可责任、直接表达歉意和表达悔恨和痛苦策略。

一 认可责任

责任是致歉方因为自己没有做好分内应做的事，应该承受的担当。致歉方认可责任是承认有该做的事没做好，其中有自己的过失且愿意为这过失尽补偿义务。认可责任可以减少受歉方的不满心理，降低其受冒犯程度。但认可责任对于致歉方的"面子"损失较大。认可责任包括接受别人指责、表达自我过失、明确表示承担责任、承认错误等。如：

例（1）背景：电影《万家灯火》中，老太太（胡智清母亲）

和又兰（胡智清妻子）吵架，气走又兰，自己也搬到侄女家去住，致使胡智清家不像家，胡智清又因被诬陷偷钱包而挨打，随后被汽车撞伤，失踪了几天。老太太觉得这些都是因自己而引起的，都是自己的过错，因而致歉。

"唉，都是我不对！"（又难过又后悔）

此例中，老太太觉得自己作为母亲、婆婆，没能处理好婆媳关系，致使家庭不和睦，而使儿子接连遭遇不幸。她觉得对不起儿子、对不起这个家，虽然自己是长辈，仍然在深深的歉疚促动下，主动认错，包揽过去所发生不幸事情的责任。

二 直接表达歉意

致歉方直接表达歉意是因为有冒犯行为或没尽到责任情况的存在，因而直抒胸臆，表达歉意。直接表达歉意情感的标志语有"赔罪、道歉、对不起、抱歉、不好意思"等。此策略应该是致歉言语行为中使用频率最高的手段，也是大家最娴熟的手段。在前文我们对以上五个致歉标记语在话语形式中的表现作了详细的分析和论述，所以，此处不作赘述。

直接而明确地表达歉意对致歉方来说，"面子"损失较大，但因为一些常用的致歉标志语已倾向于泛化为礼貌语，所以出于礼貌而实施的致歉言语行为，不但不会损失"面子"，而且还会为自己增加"面子"，如"对不起，失陪一下"。

三 表达悔恨和痛苦

致歉方因为自己的冒犯行为或未尽到应尽的责任、义务，使受歉方蒙受损失或伤害，往往会产生悔恨、痛苦等情感。致歉方表达这类情感，相当于告知受歉方自己处于痛苦煎熬之中，也相当于处于一种被责罚状态之中，以此来宣泄负面情绪并且平衡受歉方已经失衡的心理，从而实现致歉的目的。此策略往往使用在较高程度冒犯行为引发的致歉言语行为中。如：

例（2）背景：电视剧《北京青年》中，何东"重走青春"后回到北京，才得知父亲病重。几天后父亲去世。何东觉得父亲是因为思念自己才得的病，又看见母亲难过，认为这些都是自己造成的，为此向母亲致歉。

"妈，你听我说。这件事我特别内疚。我知道是我的错，如果再给我一次机会，我一定不会那么做。"（哭着，跪在母亲面前）

此例中，何东认为自己犯了一个不可弥补的错误，向母亲真诚致歉，首先表达了自己内心特别痛苦、悔恨的情感，然后运用其他致歉策略，进一步加强致歉语力，最终得到母亲谅解。

第二节　间接致歉策略

间接致歉策略是致歉方并未直接、明确地实施致歉言语行为，而是通过实施其他类别的言语行为间接、委婉地实现致歉交际意图的致歉策略。间接致歉策略包括陈述冒犯事实、解释冒犯原因、提出补偿措施、保证改过自新、请求对方谅解。

一　陈述冒犯事实

致歉方陈述冒犯事实是实施陈述言语行为，对冒犯事实的陈述相当于承认自己造成了这个冒犯事实，而冒犯事实正是实施致歉言语行为的原因，它的存在往往会引发致歉言语行为。所以致歉方陈述冒犯事实隐藏着一种态度，间接传达了他内心潜藏着的歉疚情感。多数情境下，致歉方会顺势明确表达歉意；一些情境下，由于致歉双方身份、地位的差别等特殊情况，致歉方不便明确表达歉意，只能"点到为止"。当然，由于只是"点到为止"，没能明确表态，致歉语力弱、效果差，所以受歉方需要自己的分析、推理，才能体会到致歉方陈述冒犯事实的言外之意。如：

例（3）背景：小说《一地鸡毛》中，杜老师（小林的老师）因病到北京，投奔小林，在小林家吃晚饭，引起小林老婆的不满。在小林送杜老师离开的路上，杜老师向小林致歉。

"我一来，给你添了麻烦。本来我不想来，可你师母老劝我来看看你，就来了！"

此例中，杜老师和小林是师生关系，不宜直接向他表达歉意，所以通过陈述冒犯事实来间接表达自己的歉意，对于老师和学生都是恰当的。并且，杜老师在陈述后面追加了解释，表达自己真心不想给小林添麻烦，内心希望他能谅解自己的"投奔"。小林作为学生，自然能领会到老师的言外之意，谅解老师的"来"。如果杜老师直接向小林道歉，作为学生，他反而承受不起，会让两人之间的关系更加不自然。

陈述冒犯事实有时可以用其他方式替代，如用时间、空间、指示词语等方式替代需要提及的道歉事实而不作详细的述说，这常常在交际双方都清楚冒犯事实的情况下使用。如：

例（4）：冲："（惭愧地）今天的事儿，我真觉得对不起你们。"（曹禺《雷雨》）

例（5）：徽因：——请原谅我！——那一年在剑桥——（王惠玲《人间四月天》）

用替代方式，第一，可以避免重提冒犯事实，避免可能对受歉方造成的二次伤害，也避免可能对致歉方形成面子损失；第二，能够替代的冒犯事实基本是交际双方都清楚的，替代后不影响双方的正常交际，但交际双方以外的第三方等则不清楚具体冒犯事实，所以，替代方式有保护致歉方、受歉方隐私的作用，同时也一定程度上保护了双方的"面子"，降低了冒犯的程度；第三，使用替代方式可以简化话语进程，突出致歉言语行为的语义中心，毕竟陈述冒犯事实不是语义核心；第四，使用替代方式往往是用于非即时（延时）致歉言语行为中，也就是并非那种冒犯行为发生了，马上致歉的言语行为中。

以上各例中，致歉方无论是直接陈述冒犯事实还是用替代方式陈述，都利用冒犯事实为致歉言语行为创造了语境，以辅助致歉方传达致歉交际意图，帮助受歉方理解这个意图。其中一些语例，陈述冒犯事实就开启了致歉话题，因为冒犯事实是引发致歉言语行为的重要原因之一。

二 解释冒犯原因

致歉方解释冒犯原因是实施解释言语行为，他至少有三种语用效果。首先，承认冒犯事实的存在。因为只要为冒犯行为进行解释，就预设了冒犯事实的存在,如果冒犯事实不存在,解释也是完全没有必要的。既然解释了冒犯原因,就是存在冒犯事实,在原则上就应该引发致歉言语行为,所以解释冒犯原因是与致歉言语行为相关的策略。其次,可以降低对受歉方的冒犯程度。冒犯程度决定着致歉成功的难度,冒犯程度越高,则致歉成功的难度越大,反之则越小。因为冒犯程度高低直接影响受歉方对补偿需求的大小,补偿需求大则不易满足,致歉成功的难度就大;补偿需求小则容易满足,致歉成功的难度就小,所以,降低对受歉方的冒犯程度是降低致歉成功难度的根本。如果致歉方没有对冒犯原因做出解释,不排除受歉方会认为致歉方是主观上故意的冒犯,如果受歉方是这样认为的,那么他(她)会觉得自己受到极大的冒犯(这里暂不考虑影响冒犯程度的其他因素);如果致歉方对冒犯原因做出解释:或者是主观上非故意的冒犯,或者是客观上无可奈何造成的冒犯,那么受歉方会认为有情可原,受到的冒犯不大,特别是有客观上无可奈何的原因时,因为每个人(包括受歉方本人)都会在生活中遭遇一些始料不及、无可奈何的事情,所以,当受歉方接受了对冒犯事实产生原因的解释时,他(她)会将自己遭受冒犯的程度降到很低,甚至觉得无所谓冒犯。最后,能够补救致歉方的面子。致歉言语行为虽然能够平复致歉方的不安心理,但因其中有认错、认罚、请求原谅等负面因素的存在,所以,对于致歉方来说,这是种损失"面子"的行为。通过对冒犯原因的解释,致歉方可以为自己找到免除责任或部分免除责任的理由,使自己免于实质性致歉或者相对容易地完成致歉,从而保全"面子"或少损失"面子"。如:

> 例(6)背景:小说《妻妾成群》中,陈佐千的寿辰上,颂莲(陈的小妾)当众亲了他,让他发了脾气,颂莲为此难过,陈几天后向她道歉。
>
> "那天的事,你伤心了吗?主要是我情绪不好,那天从早到晚我心里乱极了,也不知道为什么,男人过50岁生日大概都高兴不起来。"(把颂莲搂过来坐在他腿上)

此例中,陈佐千是个大户人家的老爷,是颂莲的丈夫,而且已经是50多岁了,颂莲只是陈的小妾,且年纪不大,两个人在身份、地位上存在很大的差距,所以,即使陈佐千在众人面前严重冒犯了颂莲,他也不愿意采用直接的方式致歉，因为那样会严重有损他的"面子"。但由于他还是喜爱颂莲的，所以采取了间接的致歉方式，主要是解释了冒犯颂莲行为发生的原因，并非他主观故意。这种方式既符合他的身份、地位，维护了他的"面子"，也安慰、补偿了颂莲，收到了预想的致歉效果。此例中，解释冒犯原因与陈述冒犯事实、表示关心策略组合使用，后两种策略也是间接的。

当然，我们要把解释冒犯原因和寻找借口区别开来。前者是真正的理由或是符合逻辑的理由，后者是虚假的理由；前者的目的主要是降低冒犯程度，后者的目的主要是推卸责任。如果在致歉言语行为中，致歉方寻找借口，被受歉方识破，将被视为不负责任的表现，是没有诚意的致歉，即使后面作再多的致歉努力，也不会实现致歉意图——得到受歉方的原谅，而且因为这种不负责任、没有诚意的行为，将会使双方之间的人际关系进一步恶化。所以致歉方最好以诚致歉，不要寻找借口。致歉方在实施解释冒犯原因策略时，一定要诚恳，严肃认真，因为此策略与寻找借口在语言表达上很相像，如果运用不当很可能被人误以为是在寻找借口，这就将原本并不简单的事情更加复杂化了。

三 提出补偿措施

致歉方提出补偿措施是实施提供言语行为，这一表达方式主要表现为提供物质补偿和提供精神补偿。

致歉方提出补偿措施是对其冒犯行为造成后果的补救以及对其未尽到义务的补救。补偿的前提是有损害或不足存在。补偿措施正是为了弥补受歉方因被冒犯而遭受的精神、财产损失，能够满足受歉方的补偿需要，使致歉方更易获得谅解。提出补偿措施是一种积极、负责的态度和真诚致歉的表现，属于"对症下药"的策略。补偿措施应该针对有损害或有不足的事实提出，可以是精神补偿，可以是物质补偿，也可以两者兼有。这里的物质补偿一般是种补偿承诺，并非真正意义的补偿，所以有些受歉方只有得到真实的物质，才能完全谅解对方。

（一）提供物质补偿

物质补偿是对受歉方身体、财物所受损失的具体情况做出有针对性的补救，如赔偿相应的物品、等价的金钱，提供必要的救治等，也可以提供双方接受的其他利益、帮助等作替代性的物质补偿。如：

例 (7) 背景：电影《逃亡》中，董少爷猛按一声汽车喇叭，吓了吴三妹一跳，摔坏了手中拿着的娃娃，董少爷因此致歉。

"<u>对不起，对不起</u>！<u>真对不起</u>，把你吓了一跳，泥娃娃也摔坏了，<u>让我再买几个好的洋娃娃赔你</u>，好不好，姑娘？"

此例中，董少爷与吴三妹本是陌生人，他见吴三妹美貌，不怀好意地想接近她。他借鸣车笛惊吓她，然后积极道歉来接近她，所以致歉显得很诚恳，运用了多种策略，其中包括提供物质补偿。因为他把吴三妹吓得手中的泥娃娃掉到地上，摔坏了，所以他有针对性地提出"让我再买几个好的洋娃娃赔你"，这就很容易得到受歉方的谅解。董少爷这种"通情达理"的道歉表现极具迷惑性，容易得到受歉方的原谅及其好感。

提供物质补偿有一种特殊的表达策略——提供惩罚。致歉方通过提供惩罚，作了巨大的"面子"付出，以使受歉方获得心理平衡。致歉方提供惩罚是因为他冒犯了受歉方，造成受歉方精神、身体或财物等方面一定的损失，所以才甘愿受罚。通过提供对自己精神、身体或财物的惩罚，以平衡受歉方因相应的损失而产生的不平衡心理。另外，提供惩罚能体现出致歉方认错的态度和悔过的决心，也能提升受歉方的优势心理，补偿其在冒犯行为中所产生的心理损失，因为致歉方通过提供惩罚的行为能表明他把自己交给受歉方处置的致歉诚意。这是个致歉语力很强的策略，致歉方在实施这个策略时，将会损失很大"面子"，所以这个策略往往用于冒犯程度较高的致歉言语行为中。请求惩罚可以是精神上的惩罚、身体上的惩罚、财物上的惩罚。如：

例 (8) 背景：电视剧《北京青年》中，何东与何北吵架，何北出走。正在发高烧的何东半夜出去找何北，晕倒在街上。在医院醒来时，何北向何东道歉。

"我错了，大哥，真的，都是我对不起你，<u>你抽我，你抽我，你抽我</u>。"（哭着，拉着何东一只手臂，蹲在床边）

此例中，何北因自己的冲动行为使生病的大哥晕倒、入院而道歉，同时也是因为大家合谋要骗何东，让他以为自己得了不治之症，所以何北才加强致歉语力，使用请求惩罚策略，用以加重事态的严重性。

（二）提供精神补偿

致歉言语行为本身就是对受歉方的一种精神补偿。汉语致歉言语行为中，有一些独有的精神补偿致歉策略，如对受歉方的关心、安慰等都是一种精神抚慰，是精神补偿措施，只不过这些策略致歉表达委婉，致歉语力弱。

例（9）背景：小说《边城》中，端午节时，爷爷带翠翠进城，去大河边看赛船，后来爷爷离开去和老朋友喝酒，未能及时回来接翠翠，翠翠不高兴了，爷爷说：

"翠翠，你怎么不答应我，生我的气了吗？"

此例中，爷爷做事不妥当——去喝酒，没能及时接翠翠，但他作为长辈，不宜直接向孙女道歉，所以就对翠翠闷闷不乐的状态表示关心，补救自己的过失行为，从而对翠翠的不悦心情做出补偿，希望得到翠翠的原谅。

提供精神补偿还有一种特殊的表达策略——自我贬损。致歉方通过自我贬损，做出巨大的"面子"付出，以使受歉方获得心理平衡，此外，这种"丑化自己"的方式在某种程度上能够娱乐受歉方，为其提供精神补偿。

例（10）背景：小说《那五》中，那五在小说里写了八卦门和形意门之争，形意门传人武存忠找那五来见面，那五道歉。

"武先生，武大爷，武老太爷！我跟您认错儿。我是个混蛋，什么也不懂，信口雌黄。您大人不见小人怪，犯不上跟我这样的人动肝火！我……我这儿给您赔礼了！"（惶恐、紧张、跪下磕头）

此例中，那五认为自己在小说中对形意门的描写冒犯了形意门，该门传人武存忠找他来是兴师问罪的，所以他先发制人，主动道歉。以自我贬损、自我羞辱的方式来表达致歉诚意和致歉语力，通过自己"面子"的大量付出来抵偿自己冒犯的罪过，继而平衡受歉方的不满心理。这里，除了自我贬损策略，致歉方还使用了恭维策略和其他致歉策略，共同为受歉方提供精神补偿。

四 保证改过自新

致歉方保证改过自新是实施承诺言语行为，致歉方保证"改过"，是预设了其有"过"在先，做出改正错误或不再重犯的保证，是对自己的错误行为有悔改的表现，也是愿意服从受歉方约束的一种态度。"自新"是致歉方对自我的重新塑造，保证"自新"是用实际行动表明他与以往的过失划清界限，同时，也是就以往过失对他人的某种补偿。致歉方改过自新的行为和态度可以间接表达歉意。如：

> 例（11）背景：电视剧《心术》中，实习生宗小满把一个重症病人放在走廊，自己去打游戏。刘晨曦（宗的老师）知道后，勒令宗小满退学，宗小满向刘晨曦致歉。
> "刘医生，刘老师，我错了，我……我再也不打游戏机了，我向您好好学习，我好好学，我好好学医。"（先跪下，后又站起来，低着头）

此例中，宗小满在认了错以后，首先对自己的错误行为表示悔改，保证再也不做，此处是"改过"；而且保证跟老师好好学医，这正是一名学生最应该做的事情，此处是"自新"，以一反一正两种行为的保证来向老师致歉，恳求老师的原谅。

五 请求对方谅解

致歉方请求受歉方谅解是实施请求言语行为，它的前提是有冒犯行为存在，正是因为有冒犯行为发生，致歉方才有必要请求谅解。而且请求谅解往往是在致歉方作了一番致歉努力后，进一步加强语力的策略。请求谅解是把有过失的自己交由受歉方裁决，决定权在受歉方，相当于致歉方把自己的"面子"交给受歉方处置，这能够充分表达致歉方的致歉诚意，也可以提升受歉方的心理优势。此外，"请求"本身就是一种贬己尊人的行为，所以，请求谅解表现出致歉方很谦卑的姿态。如：

> 例（12）背景：电视剧《北京青年》中，何南找梁经理取消合同，梁经理不同意，何南与他大吵一架，之后又把梁经理约出来吃

饭，并为此事向他道歉。

"梁经理，之前是我不太懂事，还请你多多原谅。"（站起身）

此例中，何南是年轻人，梁经理是父亲的同辈人且比较熟悉，何南因自己之前的冒失行为致歉，首先承认自己的缺点或不足，然后请求对方原谅。

以上六大类策略，分别执行了表达、陈述、解释、提供、承诺、请求六种言语行为。言语现实中，使用单一策略致歉的情况比较少见[①]，往往是使用两个或多个致歉策略共同完成一次致歉言语行为，也就是由多个言语行为复合成一次致歉言语行为。从这个意义上来说，致歉言语行为是一种复合性言语行为。如：

例（13）背景：电视剧《心术》中，刘晨曦给老太太开刀，不小心碰破了肠壁。老太太的儿子不答应，在医院大闹，找到医院主任。主任向老太太的儿子致歉。

"陈利啊，你母亲的情况，没有想到。我们很抱歉。但是你得听我说，这肯定不是事故。事故呢，什么原因造成的？事故是粗心大意造成的。比方讲吧，这个人还没上手术台，管子就插到了肺里，插肺里不就憋死了吗？再比如说，本来左脑是癌症，这肿瘤开刀开到右脑上，这是逃脱不掉的事故啊，是不是？你母亲的情况完全是意外。我们没有疏忽，更没有想害她的意思吧？这完全是巧合！我分析呀，你母亲岁数大了，肠子比较薄比较脆，在分离肠管的时候，容易造成肠壁损伤。这样吧，你也别着急上火的，过两天老太太好些以后，我亲自上台，给她做一个肠壁修补术。很快，不是大手术。你说我们医院天天动刀，哪有刀刀都成功的呀，是不是？也有不完善的地方。没关系，出问题呢，我们很快解决，达到病人满意，把病人治好不就得了吗？你说呢？"（伴随鞠躬）

此例中，医院主任向患者儿子实施了一个非常复杂的致歉言语行为，

[①] 在某些特定的情境中，某个单一策略也能够独立完成致歉言语行为，因为这些策略都已经融入了人们的言语经验，处于致歉言语行为的策略完型中。

因为医生手术中的失误造成患者要承受不必要的伤痛,这是很严重的冒犯行为。在这个复杂的致歉言语行为中,首先是一个温和的称呼"陈利啊",语气词"啊"柔和了语气,拉近了双方的社会距离。接下来是模糊语"你母亲的情况,没有想到"指称发生在患者身上的手术失误事件,相当于隐性地陈述冒犯事实,开启了致歉话题。然后实施直接致歉策略,"我们很抱歉"(伴随鞠躬)表达了致歉方内心深深的歉意。言语表达的同时,伴随着鞠躬,更加强了此刻的歉意程度。接着实施解释冒犯原因策略,利用大量言语举例类比、分析所发生的冒犯行为并非医疗事故,只是正常手术进行中的意外。随后是关心策略,"这样吧,你也别着急、上火的"是对受歉方精神层面的补偿。接着是物质补偿策略,"过两天老太太好些以后,我亲自上台,给她做一个肠壁修补术"是对受歉方行为层面的补救。紧接着是安慰策略,"很快,不是大手术"是对受歉方又一次精神层面的补偿。关心、行为补救、安慰都是属于提供补偿措施。接下来再次进行解释,"你说我们医院天天动刀,哪有刀刀都成功的啊;是不是?"表明这次冒犯行为的发生纯属意外,意外是手术中在所难免的。然后实施承诺致歉策略,"没关系,出问题呢,我们很快解决,达到病人满意,把病人治好不就得了吗?"是对受歉方做出保证,一定解决问题,把病人治好,直到病人满意。最后是请求谅解策略,"你说呢?"是疑问句,表面上是请求受歉方表达观点、态度,但前面已有大量致歉言语表达,致歉方其实是希望通过这个疑问句得到受歉方表示谅解的表达,是一种隐性的请求谅解策略。可见,医院主任充分实施了致歉策略,体现了致歉诚意,先后实施了陈述、表情、解释、提供、承诺、请求六种言语行为,可以说,他做了一次致歉言语行为的完形表达。同时,他在表达语序上作了一些精心的安排,把表情行为调到解释行为之前先说,因为他知道自己的解释太长,很复杂,而受歉方应该很急于知道他对这件事的态度,若先解释再表态,受歉方很可能没有耐心,甚至可能不能平静地听他解释完,因为受歉方会误认为他在狡辩,不想承担责任。而先表态后解释,正好解决上述问题,使受歉方可以安心、平静地听他的解释。

例(14)背景:电视剧《北京青年》中,唐娇和何北吵架,权筝对何北说自己能劝好唐娇。结果第二天一大早唐娇留信出走。何北责怪权筝,权筝为此向何北致歉。

"对不起，对不起，是姐错了，姐解释得不到位，姐向你赔礼道歉，你别哭了，别哭了"。（慌张地给何北拿纸巾擦眼泪）。

此例中，权筝向何北致歉，首先实施了直接表达歉意策略，而且连用两个"对不起"，增加了致歉语力。接下来是认可责任策略，"是姐错了"表明权筝承认错误，为此事担责。然后是陈述冒犯事实策略，"姐解释的不到位"表明致歉方对错在哪儿的认识。然后是再次实施直接表达歉意策略，"姐向你赔礼道歉"是更加正式的表达歉意的语言形式。最后是安慰策略，"你别哭了，别哭了"为受歉方提供一定的精神补偿，并伴随为其拿纸巾擦眼泪等关心的行为，也能提供一定补偿效果。在此致歉言语行为中，致歉者先后实施了表情、陈述、表情、提供等言语行为，复合成一次致歉言语行为。此例中，我们看到，在一次致歉言语行为中，可以反复使用某个策略，如上例中的直接表达歉意策略，或者多次实施某个行为，如上例中的表情行为。

第三节　关于受歉方对致歉期望的问卷调查和分析

致歉言语行为的实施效果受致歉方的主观努力的影响，但更关键的决定因素是受歉方的感受和理解。所以，受歉方在致歉言语行为中的需求是我们需要高度重视的内容。

一　调查问题和结果

问题：作为受歉方，你需要在对方的致歉里得到什么，才能使你对对方的道歉感到满意。

这里列举的调查结果是依照受试回答出的较典型答案所作的初步整理而得。

（1）表现出道歉的诚意（真诚、坦诚、诚恳，发自内心的态度）。

194 人次

（2）说什么，说多少并不重要，重要的是说话的语气是不是诚恳。

3 人次

（3）如果他是真诚的道歉，我就会原谅他。　　　　　1 人次

（4）真诚的歉意并不只是一句"对不起"或者是物质上的补偿。
1 人次
（5）即使平时说话、做事不以自己为中心，但道歉时要以自己为中心。
1 人次
（6）没有真诚的道歉是虚假的形式，不但不会得到谅解还会让我厌恶对方。
1 人次
（7）给出解决方案（补救措施）。 11 人次
（8）希望得到与事情相等或相对较少的物质赔偿（应有的物质补偿）。
7 人次
（9）实际行动。 3 人次
（10）为他的错误付出代价。 1 人次
（11）说明错在哪里。 16 人次
（12）承诺不会再犯类似错误。 57 人次
（13）说明为什么会错（做错事的原因）。 44 人次
（14）表明并非故意冒犯。 3 人次
（15）原因其他什么都不必说。如果我觉得是一个理由就会原谅他、理解他，如果没有解释和原因那就什么也不必多说。 1 人次
（16）要说"对不起"等致歉标记语。 31 人次
（17）真心地承认错误。 24 人次
（18）真心悔过。 21 人次
（19）虽然不一定要说"对不起"，但一定要表达出歉意。 16 人次
（20）对此事表示愧疚。 4 人次
（21）我需要对方深刻地认识到自己的过错，但不需要他保证下次不再犯同样错误。 1 人次
（22）真心希望得到我的原谅。 8 人次
（23）得到对方的重视与尊重。 5 人次
（24）是否理解自己。 3 人次
（25）站在"受歉方"的角度去分析错误。 1 人次
（26）别人对"我"道歉，证明我在他心中的地位是很重要的。
2 人次
（27）心理上的慰藉。 8 人次
（28）能安慰我的话语。 3 人次

（29）希望在对方的道歉里得到让我不受委屈的话语。　　　　1人次

二　调查结果分析

作为受歉方的主体，如果能满意致歉方的致歉，他（她）需要得到以下九方面的内容。

第一，致歉中的真诚。从（1）到（6）都是此种要求的代表，共有201人次，占77.3%，从比率上，我们可以清楚知道这是最重要的需要。

第二，必要的物质补偿。从（7）到（10）都是此种要求的代表，共有22人次，占8.5%。

第三，错在哪里的说明。如（11）是此种要求的代表，共有16人次，占6.2%。

第四，不再重犯的承诺。如（12）是此种要求的代表，共有57人次，占21.9%。

第五，错误原因的解释。从（13）到（15）都是此种要求的代表，共有48人次，占18.5%。

第六，明确表达的歉意。从（16）到（21）都是此种要求的代表，共有97人次，占37.3%。

第七，希望原谅的请求。如（22）是此种要求的代表，共有8人次，占3.1%。

第八，对方对自己的尊重。从（23）到（26）都是此种要求的代表，共有11人次，占4.2%。

第九，心理上的慰藉。从（27）到（29）都是此种要求的代表，共有12人次，占4.6%。

这九个方面（见图8）也是相互关联的，体现在致歉言语行为的不同进程上。第二、三、四、五、六、七共六个方面是致歉言语行为的具体表现，也是人们对致歉言语行为认知心理的表象。这六个方面都在某种程度上体现着致歉方的真诚，真诚的致歉自然就表露出对受歉方的尊重，能体会到致歉方真诚致歉中的尊重，受歉方的心理慰藉也就顺其自然地实现了，至少会在某种程度上实现。从这九个方面关联性的简要分析中，我们不难发现受歉方想从对方的致歉中得到的事物核心就是"真诚"，因为其中一些方面是体现"真诚"的手段，另一些方面是"真诚"衍生的效果。

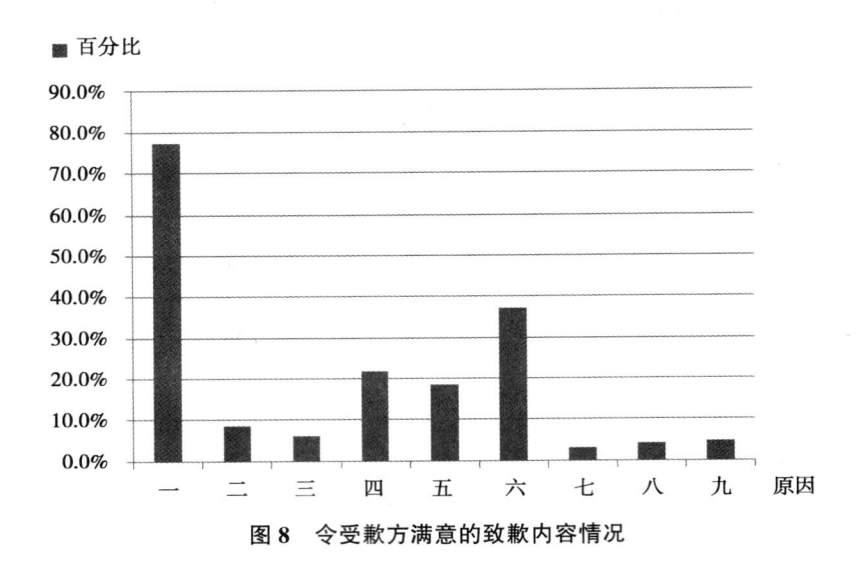

图 8　令受歉方满意的致歉内容情况

三　由调查结果分析受到的启示

致歉言语行为具有完型模式。从受歉方的角度看，他（她）需要在致歉言语行为中得到"错在哪里的说明""错误原因的解释""明确表达的歉意""必要的物质补偿""不再重犯的承诺"和"希望原谅的请求"共六个方面的具体表达，这与我们前文从致歉语例中抽象、概括的结果是不谋而合的。当然，这种完型是群体心理的组合体现，如果是某个个体可能不至于都有这么多需求。但从致歉方的角度看，这六个方面的组合就是致歉方言语行为的完型模式，因为他只要把这六个方面依次都表达充分了，自然能够满足所有受歉方的需求类别，所以这六个方面表达的组合就应该是致歉言语行为的完型模式的表达。

第四节　关于受歉方不满意的致歉的问卷调查和分析

受歉方不满意的致歉能为致歉方提出一些警示，指导致歉方在实施致歉言语行为中趋利避害，特别是在致歉度的掌控上。

一　调查问题和结果

问题：作为受歉方，请列举你无法接受的致歉。

这里列举的调查结果是依照受试回答出的较典型答案所作的初步整理而得。

（1）	体会不到真诚、真心的道歉。	68 人次
（2）	感受到对方不真诚的道歉。	29 人次
（3）	找理由，为自己开脱。	23 人次
（4）	迫于形势进行的、无奈的道歉。	13 人次
（5）	没有真心悔改。	5 人次
（6）	一边道歉一边粉饰自己的错误。	3 人次
（7）	语气恶劣。	20 人次
（8）	理直气壮的道歉。	7 人次
（9）	蔑视语气的对话。	2 人次
（10）	讽刺的道歉。	1 人次
（11）	"对不起，行了吧？"	12 人次
（12）	"我又不是故意的。"	8 人次
（13）	"我不是故意的，不能全怪我。"	1 人次
（14）	"你看你小家子气，我道歉还不成吗？"	1 人次
（15）	"行，行，你都对，我都错，请您原谅！"	1 人次
（16）	"那我这不是故意的，对不起不行吗？"	1 人次
（17）	"唉呀，别说了，对不起不行吗？"	1 人次
（18）	"我错啦，好啦，对不起啦！"	1 人次
（19）	"唉，就这样吧，算我错了。"	1 人次
（20）	"你说，我怎么赔偿你呢？"	1 人次
（21）	"我也不是故意的，情况所迫呀！"	1 人次
（22）	"我错了，还不行嘛！"	1 人次
（23）	"虽然我有错，但你怎么能都怪我呢？"	1 人次
（24）	遭亲密朋友背叛后的道歉。	43 人次
（25）	对我伤害很深的行为（无法弥补）。	28 人次
（26）	触碰了我的底线（原则性）。	27 人次
（27）	朋友的欺骗。	19 人次

（28）行为极其恶劣，伤害人格尊严。　　　　　　　　18 人次
（29）屡次犯错后的道歉。　　　　　　　　　　　　　17 人次
（30）因故意的伤害所进行的道歉。　　　　　　　　　13 人次
（31）因泄露了我的秘密。　　　　　　　　　　　　　10 人次
（32）过错特别大。　　　　　　　　　　　　　　　　 8 人次
（33）看事情的严重程度决定。　　　　　　　　　　　 8 人次
（34）言而无信。　　　　　　　　　　　　　　　　　 6 人次
（35）只有抱歉，没有原因，没有解释。　　　　　　　 8 人次
（36）无法接受不提改进措施的道歉。　　　　　　　　 4 人次
（37）仅有物质补偿，（金钱）买不来失去的东西（如生命）。　 3 人次
（38）连绵不绝的道歉，会让人烦恼。　　　　　　　　 2 人次
（39）先批评别人再道歉。　　　　　　　　　　　　　 1 人次
（40）只承认自己做了错事，却没有"对不起""不好意思"之类的礼貌用语。　　　　　　　　　　　　　　　　　　　　　　 1 人次
（41）面无表情的。　　　　　　　　　　　　　　　　 2 人次
（42）一个白眼。　　　　　　　　　　　　　　　　　 1 人次
（43）对方做错了事，却好像很熟似的，拍拍打打。　　 1 人次
（44）表情很不满的。　　　　　　　　　　　　　　　 1 人次
（45）犯了很大的错误，却轻描淡写地道歉。　　　　　 4 人次
（46）苍白无力的道歉。　　　　　　　　　　　　　　 1 人次
（47）让别人代替道歉。　　　　　　　　　　　　　　 3 人次
（48）做错事没及时道歉，事隔很久再回头给我道歉。　 3 人次
（49）虚假道歉，为了欺骗而道歉的。　　　　　　　　19 人次
（50）具有功利目的的道歉。　　　　　　　　　　　　 3 人次

二　调查结果分析

作为受歉方的主体，无法接受的致歉有很多，粗略归结为十个方面。

第一，态度不真诚的致歉。这是最突出、最显著的无法接受的致歉，有 54.2% 的受试列举了此种致歉。共 141 人次，从（1）到（6）都属于此类。

第二，语气恶劣的致歉。从（7）到（10）都是此类解释的代表，共 30 人次，占 11.5%。

第三，语言表达"伤人"的致歉。从（11）到（23）都是此类解释的代表，共31人次，占11.9%。

第四，冒犯度过高行为的致歉。从（24）到（34）都是此类解释的代表，共197人次，占75.8%。

第五，缺少必有致歉策略的致歉。从（35）到（40）都是此类解释的代表，共19人次，占7.3%。

第六，语言伴随行为"伤人"的致歉。从（41）到（44）都是此类解释的代表，共5人次，占1.9%。

第七，致歉程度严重不足的致歉。从（45）到（46）都是此类解释的代表，共5人次，占1.9%。

第八，别人替代的致歉。如（47）是此类解释的代表，共3人次，占1.2%。

第九，延时过长的致歉。如（48）是此类解释的代表，共3人次，占1.2%。

第十，别有"恶"心的致歉。从（49）到（50）都是此类解释的代表，共22人次，占8.5%。

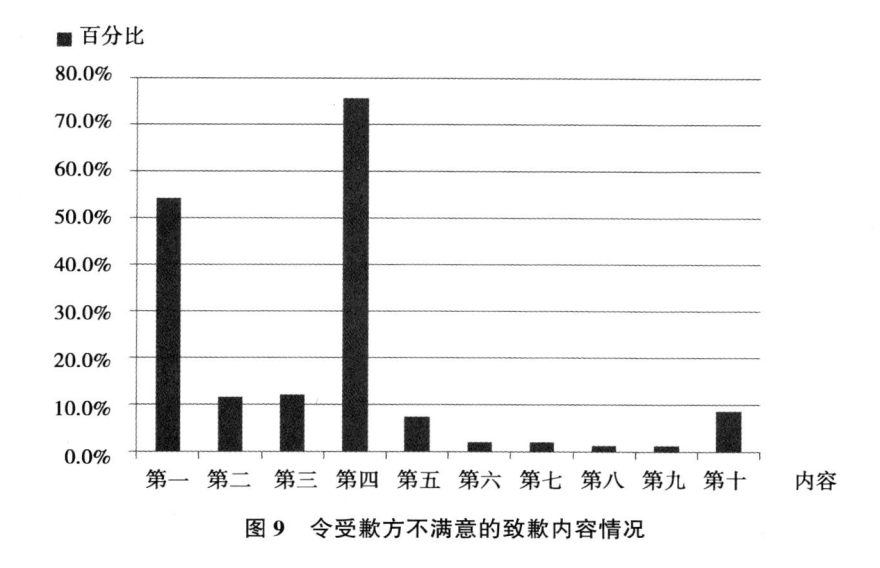

图9　令受歉方不满意的致歉内容情况

这十个方面（见图9）是以致歉言语行为关涉到的因素作为考量标准作的归纳，分类，这些因素所体现的角度不一致，所以这里的分类并不十分科学，如"态度不真诚的致歉"已经是十个方面中很凸显的一个，但是"态度"是个综合体现体，很多环节都能体现出态度。在十个方面中，除了第四和第九两个方面，其他八个方面笼统地归纳，都可以称为"态度不真诚的致歉"，因为那七个方面在本质上，就是态度不真诚的表现。从这个意义上来说，有98.4%的受试无法接受"态度不真诚的致歉"。可见，"不真诚"是致歉成功的最大扼杀因素，"不真诚的致歉"基本上就是"不能成功的致歉"。

三 由调查结果分析受到的启示

第一，致歉言语行为不是万能的，它能补救的冒犯后果是有限的。因为我们看到"冒犯度过高行为的致歉"是75.8%的受歉方不能接受的，也就是说这时实施致歉行为，即使致歉度再高也是不能解决问题的，结果可能是断绝交情，也可能是付诸法律等，总之，后果是严重的，代价是很大的。所以，我们在人际交往中，要遵守道德规约，尊重他人人格，"三思而后行"，尽量不要冒犯别人。有些冒犯是不可原谅的，如"亲密朋友的欺骗、恋爱对象的背叛、图财害命的行为和触碰别人的容忍底线"等。致歉度所能对应的冒犯度是有限的，不是所有高度的冒犯度都有致歉度与之对应，当致歉度望尘莫及时，也就不是致歉言语行为力所能及的范围了。

第二，受歉方不能接受"态度不真诚的致歉"，态度不真诚或不够真诚也就是真诚度不够，其实致歉方致歉态度的真诚程度也是其致歉度的一种表现，这种致歉的诚意能反映在致歉度上，致歉诚意不足自然导致致歉度不够，受歉方当然不会满意这种致歉。

第三，致歉言语行为过程中，致歉方要关注受歉方的"反馈"。因为从调查结果中我们发现，受歉方的"挑剔"五花八门，形式各异，这也是由主体的个性差异决定的。所以，致歉方在根据具体情境实施致歉言语行为时，应当时刻通过受歉方的表情、肢体等非语言方式或者语言方式做出的"反馈"，及时调整自己的语言策略或方式。另外，从语言经济原则考虑，致歉方没必要每次致歉都把致歉完型模式落实一遍，如果受歉方已经满意，就可以适时结束致歉，如果受歉方还不够满意，那就依照象似原则加大致歉度。

第七章

致歉言语行为的语用原则

致歉言语行为中，致歉方的所有认知加工努力都是围绕着致歉意图和标识它的话语形式之间的关系进行的。标识致歉意图的话语形式是丰富多样的，是在具体的言语交际中临时组织起来的。表面上看，丰富多样的话语形式似乎没有什么共性，但我们仔细体味就会发现致歉方在落实致歉意图到具体的话语形式时，特别是在理想致歉效果的落实中，遵循了某些语用原则。这些语用原则帮助致歉方顺利获得致歉言语行为的成功。

第一节 真诚性原则

真诚是行为态度的表现。通过前文"作为受歉方，你需要在对方的致歉里得到什么，才能使你对对方的致歉感到满意"和"作为受歉方，请列举你无法接受的致歉"两个问题的调查结果及分析显示[①]，它们的结论是可以相互辅证的。我们发现其中最凸显的信息是受歉方对"真诚"的求索。我们认为"真"是质的体现，"诚"是量的足够。致歉言语行为中，质的体现即致歉交际意图的明示，量的足够即致歉度的达标（此处的"标"即是冒犯度）。交际意图的明示是各种致歉方式的运用：语言的和非语言的、直接的和间接的等。致歉度的达标是对以上各种致歉方式的具体选择、修饰、组合和落实。所以，"真诚"确实是致歉言语行为的核心、要义，是其"灵魂"所在。

受歉方极其重视致歉方的态度是否真诚。这种真诚态度体现在整个致

---

① 两个问题的调查是从受歉方对致歉言语行为认知的正反两方面设计的测试。我们把两道题分别交给两组经严格筛选的、自然情况基本相同的测试群作答，也相当于相同主体（群）来作答这两个问题，从同一事物的正反两方面来认识事物能完善我们对它的认知。

歉言语行为的过程以及过程中的每个细节中。语言方式上，致歉标志语的选择、称谓语的选择、致歉策略的选择、语气的表达等，用得准不准确、程度够不够都体现着致歉方的真诚态度，更真实、更直接体现致歉方真诚态度的还有与语言方式伴随的非语言方式，如致歉方说话时的表情、眼神、肢体动作、手势等，非语言方式基本上是人们情感、态度的自然流露，除非是经过特殊训练的人，平常人的非语言表现基本上是他（她）内在生理反应的外在表现，是一种本真的表现。所以，如果说语言方式可以有人为的加工、设计，掺杂了因文化、职业、性别、性格等主体因素而带来的差别，那么非语言方式则更加本真、直接地反映主体内心的真实情感。受歉方在判断致歉方的真诚性时，如果语言方式的表现与非语言方式的表现出现矛盾时，他（她）会选择相信非语言方式的表现，所以，对于致歉方，只要把握住真诚性原则，致歉就成功了一半，即使你可能不善言辞、不懂技巧，也没有关系，因为你使用了你的真诚，真诚除了表现在语言表达上，也表现在与语言相伴的非语言表达上，而且在非语言表达上，只要你基本生理功能正常，都能自然而然地流露出内心的真诚。受歉方也会通过自身的经验、感受接收到你的这份真诚，特别是来自于你非语言表达上的真诚，他（她）更愿意接受，更愿意相信。真诚性原则是致歉言语行为的首要语用原则，是致歉言语行为的灵魂，是致歉成功的前提和保障。

第二节　礼貌性原则

礼貌原则已成为人际交往的基本原则，是人们使用语言的指导性原则。利奇提出的"礼貌原则"主要是依据英国特定的社会文化背景，不适宜对不同语言、文化条件下的礼貌现象进行统一解说。本书是在现代汉语语境下关注致歉言语行为的相关问题，所以我们接受的是顾曰国先生在利奇"礼貌原则"基础上，结合汉民族社会文化改进的"礼貌原则"，简单说，包括贬已尊人准则、称呼准则、文雅准则、求同准则，以及德、言、行准则五个方面。作为指导人们语用的"礼貌原则"，对于致歉言语行为，它显得尤为重要。因为致歉言语行为往往是由已发生的冒犯行为或即将发生的冒犯行为引发的，冒犯行为是使被冒犯方（即后来的受歉方）

损失"面子"的行为，致歉言语行为很大程度上就是要补偿受歉方损失的"面子"。礼貌原则指导下的致歉言语行为有利于致歉方顺利补偿受歉方的"面子"，获得致歉的成功。首先，贯彻礼貌原则是致歉方态度真诚的一种体现。其次，礼貌原则是实施致歉言语行为的基调，"当人们考虑到自己或别人的脸或面子时，礼貌就成了很有用的语用手段"①。再次，现代礼貌的要素之一是"尊敬""敬意"，另一个要素是"教养""文雅"，这两个要素是在致歉言语行为中都要体现的，要表现出对受歉方的"尊敬"，也要表现出致歉方的"教养"。最后，礼貌原则的以上效能最终都要通过礼貌准则具体落实到话语形式上，如贬己尊人准则、称呼准则主要落实在称谓语的使用上，文雅准则主要落实在组织话语的词语选用上，宜用雅言、委婉语，至少是中性词语，忌用污言、秽语。礼貌原则是致歉言语行为的基础语用原则。

第三节　适宜性原则

"适宜性就是适切性或得体性，是指在言语交际中标识交际意图的话语形式应该最大限度地适合言语交际的主体、背景和情境。从广义上说就是适应社会文化的心理，使话语形式具有心理的可接受性。"② 前文已经讨论过制约致歉言语行为的因素：冒犯行为因素、交际主体因素、语境因素等，这些因素对致歉策略以及致歉话语形式选择的影响主要反映在适宜性上。

首先，致歉策略以及话语形式要适合冒犯行为的状况。冒犯行为有多种类型，在具体情境中表现出不同的冒犯度，致歉方使用的致歉策略以及最终落实的致歉话语形式要适合冒犯行为的类型，满足冒犯度的补偿需要。其次，致歉策略以及话语形式要适合交际主体的状况。交际主体状况可体现为两个方面：其一是交际主体自身的状况，交际主体的地位、性别、年龄、职业、性格以及情绪等因素都因主体的个性而有差别；其二是交际主体之间的关系状况，主体间社会距离远近、社会权势高低、性别的

---

① 顾曰国：《礼貌、语用与文化》，《外语教学与研究》1992 年第 4 期。
② 吕明臣：《话语意义的建构》，东北师范大学出版社 2005 年版，第 104 页。

差别、年龄的差距等。致歉言语行为的策略和话语形式受这些因素的制约，致歉方选择致歉策略和话语形式应尽可能适合这些主体状况。如有些策略和话语形式是更适合年长者或者权势较高者使用的，有些策略和话语形式是更适合女性使用的，有些策略和话语形式是更适合社会距离近的人们之间使用的，有些话语形式对于不同职业、不同性格或者不同性别的人理解起来也是不一样的。最后，致歉策略以及话语形式要适合语境的状况。影响致歉策略以及话语形式选择的语境状况可体现为交际情境、交际背景、交际方式三个方面：其一是交际情境，主要包括时间和空间两种因素，任何事物的存在、任何事情的发生都脱离不了这两个维度；其二是交际背景，主要包括交际主体所处社会的政治、经济、文化等因素，这些因素会对致歉方选择致歉策略和话语形式构成影响；其三是交际方式，我们可粗略地理解为口头和书面两种方式，方式的不同必然会对致歉策略和话语形式的选择产生影响。

适宜性原则指导致歉方在落实致歉言语行为时，尽量满足各种相关制约因素的影响，选择适合的致歉策略以及话语形式。当然，适合的致歉策略以及话语形式往往不只一种，所以，适宜性原则是致歉言语行为的粗选语用原则。

第四节 关联性原则

"'关联'的概念最早由格莱斯提出并将其作为他的合作原则的四项准则之一。斯波珀和威尔逊进一步发展了关联的概念，认为关联是话语和认知语境相关联。……斯波珀和威尔逊没有具体说明话语和认知语境的'什么'关联，其关联概念还失之笼统。其实，在言语交际行为中主体要把握一个最基本的、也是最重要的关联是话语形式和交际意图的关联。因为这一关联决定着话语形式的交际价值，从而也决定着言语交际行为的成败。其他的关联——如果有的话——也只有在这一关联的基础上才有意义。"[①] 致歉言语行为中，首先，致歉意图与话语形式的关联是最基本、最重要的关联。其次，我们还关注致歉度与话语形式的关联，因为引发致

---

① 吕明臣：《话语意义的建构》，东北师范大学出版社2005年版，第99页。

歉言语行为的冒犯行为是有程度差别的，所以必然要求解决冒犯行为所带来的问题的致歉行为也要有相应的差别，否则，致歉交际意图落实了，受歉方也未必能十分满意，受歉方的满意程度应该受致歉方在落实致歉意图的基础上进一步落实的致歉程度的影响。致歉意图和致歉度的落实过程就是关联性原则的贯彻过程。致歉意图与话语形式的关联有直接的，也有间接的。如果选择了某种程式化的语言成分构成致歉话语形式，则对致歉意图的关联就是直接的，如使用明确标识致歉意图的标志语或语法成分——"对不起""不好意思""我道歉""向……表示歉意"等。反之，如果选择了非程式化的语言成分构成致歉话语形式，则对致歉意图的关联就是间接的。当然，直接与间接有时是相对的，并非那么泾渭分明，所以在实际的言语交际中找出致歉话语形式与致歉意图的关联并不是件很容易的事。致歉度与话语形式的关联也有直接的和间接的之分。表现致歉度的手段是显性的就是直接的关联，如词语手段、句法手段、重叠手段等。表现致歉度的手段是隐性的就是间接的关联，如策略手段等。

"一般来说，当其他条件不变的情况下，交际意图和话语形式的关联性越大，认知加工的效率也就越高，相反认知加工的效率就低。"[1] 致歉方为了致歉言语行为的成功，应该努力增加关联性，使受歉方提高认知加工效率，但由于制约致歉言语行为的因素很多、很复杂，有时致歉方又经常降低交际意图与话语形式的关联以获得其他的认知效果。所以，致歉方在致歉言语行为中运用关联性原则不是为了实现"最大关联"，而是为了实现"最佳关联"。关联性原则是致歉言语行为中的优选语用原则。

作个不一定恰当的类比，如果把实施致歉言语行为比作盖一栋楼房的话，那么真诚性原则就是楼房图纸的设计要求，礼貌性原则就是楼房地基的建筑要求，适宜性原则就是楼房框架的建设要求，关联性原则就是房间装修的施工要求。四个语用原则在致歉言语行为的落实过程中环环相扣，一气呵成，最终把满足各种制约因素要求、致歉方觉得"体面"、受歉方觉得满意的致歉言语行为成功实现在话语形式上。

---

[1] 吕明臣：《话语意义的建构》，东北师范大学出版社 2005 年版，第 100 页。

第八章

研究结论及不足

第一节 研究结论

　　冒犯行为不可避免地发生后，产生了冒犯方和被冒犯方，双方原本各自的"面子"持有量是相对稳定的，之间的人际关系是和谐的。冒犯行为发生后，被冒犯方的"面子"显性或隐性地产生损失，冒犯方的"面子"也会产生或增、或减、或稳定的相对变化，双方之间的人际关系不再和谐。一般情况下，或者被冒犯方产生"面子"补偿的需要，或者冒犯方主动或被动地产生补救冒犯行为的需要，冒犯方根据自己的社会、生活经验知道，满足被冒犯方需要或者自己需要的措施就是致歉行为，所以，冒犯方会产生致歉交际意图，致歉意图是实施致歉行为的动因和指导。开启了致歉行为过程，冒犯方和被冒犯方的角色都相应地发生改变，成为致歉方和受歉方。当致歉方在致歉行为中选择致歉言语行为时，致歉言语行为就进入了启动、实施阶段。致歉言语行为的实施是以语言方式和非语言方式共同落实的，在两种方式下，包括许多更加具体的手段。致歉方以所在人群的社会文化为基础，结合具体的制约因素情况，从其掌握的致歉方式中选择可行、有效的致歉方式，体现致歉意图，选择过程可能是经过思考的，也可能是不假思索的。致歉度的把握要依据冒犯度决定，利用不同的语言手段和非语言手段具体落实。以语言手段的具体落实为例，致歉方参考计划表达的致歉度，结合语言经济原则和象似原则的指导，选择具体语言策略或者是策略组合，再落实到具体的语言表达上，如选择标志语、称谓语、语气助词等实现策略，体现致歉度的差别。致歉方真诚地致歉能补偿受歉方的"面子"损失，满足他（她）的补偿需求，得到心理平衡和需求满足的受歉方一般都会给予致歉方谅解。致歉方在致歉言语行为中，虽然付出一定量的"面子"，但也在一定程度上缓解了内心歉疚，如果获得受歉方的谅解，他（她）将进一步获得内心歉疚的释放，并且规避可能发生的报复风险，完全平复内心的不安。致歉双方的内心都重获平和，人际关系自然也将恢复和谐。至此，致歉事件圆满结束。其中，致歉交际意图的落实过程即致歉言语行为"质"的实现过程；致歉程度量的落实过程即致歉言语行为"量"的实现过程。在"质""量"的实现过程中，都要把握好"度"："质"的量度不够，或者是过了，就可能成为其他言语行为；"量"的量度不够，或者是超高了，就会使语用效果不理想，或者就会"过犹不及"（产生其他的不期效果）。最理想的状态是"致歉度稍大于或等于冒犯度"，这样能实现"致歉效益的最大化"：致歉方用尽量合理的"面子"付出和言语努力成功实现致歉意图和表达致歉度；受歉方用尽量少的努力识别到致歉方的真心（致歉意图）和诚意（致歉度），来共同完成一次有效、成功的致歉言语行为。

第二节 研究不足

本书收集到的语例中，日常生活中的真实致歉语例不多，使用接近真实致歉的语例所做出的研究结论有出现偏颇的可能性。

本书对致歉言语行为制约因素的研究仍有待进一步细化。冒犯度和致歉度能否建立具体量化的公式，是值得进一步思考的问题。

本书没能把现代汉语致歉言语行为与其他主要语言中的致歉言语行为作比较研究。如果比较，有可能发现现代汉语致歉言语行为更多、更重要的特点，这也是我们结束本研究后将着手进行的下一步研究。

附　　录

致歉言语行为调查问卷 1

您好！

本次调查希望了解到当前人们如何道歉的情况，大约需要占用您 10 分钟的时间。本问卷采取匿名方式调查，保证对您所提供的信息绝对保密。

您所提供的答案不存在对错之分，请您尽量根据您的实际经历或感受回答。非常感谢您的参与！

您的基本情况：

性别：＿＿＿＿＿＿　年龄：＿＿＿＿＿＿　职业：＿＿＿＿＿＿　文化程度：＿＿＿＿＿　籍贯：＿＿＿＿＿＿省＿＿＿＿＿＿市

一、情景问答（本题为单项选择或多项组合。如果是多项组合，请按你的表达顺序排序。）

问答示例：

情景：你在饭店吃饭时，不小心把饮料洒到邻桌一中年男子的身上。你会说：（请将选项字母按表达顺序写于此处）

A 我帮你擦干净吧。　　B 我不小心弄洒的。

C 你看，饮料洒你身上了。　　D 对不起啊。

E 我以后一定会小心拿饮料的。　　F 请你原谅。

G 不必道歉。　　H 你认为的其他合适表达：＿＿＿＿＿＿

答案说明：如果你选 D，则是你遇到此种情况时会说：*对不起啊*。

如果你选 DA，则是你遇到此种情况时会说：*对不起啊。我帮你擦干净吧。*

如果你选 AD，则是你遇到此种情况时会说：*我帮你擦干净吧。对不起啊。*

如果你选 CBDA，则是你遇到此种情况时会说：*你看，饮料洒你身上了。我不小心弄洒的。对不起啊。我帮你擦干净吧。*

如果你选 G，则是你遇到此种情况时觉得不需要道歉。

如果你选 H，则请写出具体的表达语句。

（其他答案不再一一列举。）

从此处起请正式作答

情景 1：坐公交车时，因为急刹车，你踩到一位老大爷的脚。你会说：

A 踩疼了吧？　　B 车刹得太急，没站住。

C 哎呀，踩到您脚了。　　D 对不起啊。

E 以后坐车我一定扶稳了。　　F 请您谅解。

G 不必道歉。　　H 你认为的其他合适表达：＿＿＿＿

情景 2：你的爱人（或恋人）过生日，你忘了给他（她）祝福和礼物。你会说：

A 我要给你补一个很特别的礼物。　　B 我最近都忙晕头了。

C 亲爱的，把你的生日给忘了。　　D 真是抱歉啦。

E 以后一定不会忘记你生日了。　　F 请你谅解一下呗。

G 不必道歉。　　H 你认为的其他合适表达：＿＿＿＿

情景 3：在商场里，你和妈妈因买一件衣服意见有分歧，你当着很多人的面顶撞了妈妈。事后你会说：

A 要不您打我两下或者骂我两句吧。　　B 都是我太任性了。

C 妈，我不该顶撞你。　　D 我现在很后悔。

E 以后不会这么任性了。　　F 原谅我吧。

G 不必道歉。　　H 你认为的其他合适表达：＿＿＿＿

情景 4：假如有一天你开车撞伤了一个农民工，致使其住院手术。你会说：

A 我会负责所有医疗、营养费用的。

B 当时为了躲避对面来的一辆车。

C 我撞伤了你。　　D 非常对不起。

E 我今后开车一定小心、注意。　　F 请你原谅我。

G 不必道歉。　　H 你认为的其他合适表达：_____

情景 5：朋友聚会时，你因为有别的事儿不得不先离开。你会说：

A 大家一定尽兴啊。　　B 实在是推不开这事儿。

C 各位，有事儿先走一步啦。　　D 抱歉啊。

E 下次再聚我一定奉陪到底。　　F 请各位见谅。

G 不必道歉。　　H 你认为的其他合适表达：_____

情景 6：你答应帮朋友一个忙，结果因为个人能力原因没能实现。你会说：

A 晚上请你喝酒吧。　　B 我真是尽力了。

C 没能帮上你的忙儿。　　D 不好意思啊。

E 以后有机会再帮你。　　F 请你多包涵。

G 不必道歉。　　H 你认为的其他合适表达：_____

情景 7：你跟一个性格内向的朋友借相机，结果被你弄丢了。你会说：

A 我这两天买一个同型号的还你。　　B 我这一天做梦似的。

C 你看，把你相机弄丢了。　　D 实在抱歉。

E 以后一定好好保管你借我的东西。F 原谅我的粗心大意。

G 不必道歉。　　H 你认为的其他合适表达：_____

情景 8：你作为学生上课迟到了 10 分钟，你会跟老师说：

A 下课我帮您擦黑板吧。　　B 今天路上堵车。

C 老师，我迟到了。　　D 实在对不起。

E 以后一定不迟到了。　　F 请您谅解。

G 不必道歉。　　H 你认为的其他合适表达：_____

情景 9：你的妈妈明明知道你不愿意她看你的日记，可她还是违背你的意愿去看了。她应该说：

A 想吃什么？妈妈晚上给你做。　　B 这事儿是妈妈考虑不周。

C 妈妈的做法让你难过了。　　D 妈妈很抱歉。

E 以后妈妈做事儿一定会认真考虑你的感受。

F 原谅妈妈吧。　　G 不必道歉。

H 你认为的其他合适表达：_____

情景 10：你的老板没弄清事故原委就批评了你，事后知道真相，他应该说：

A 下次员工会议上我会向大家解释清楚的。　B 当时我没多考虑。

C 我错怪你了。　D 对不起啦。　E 今后我会调查清楚，再作评论。

F 请你原谅。　G 不必道歉。　H 你认为的其他合适表达：_____

情景 11：尽管你的朋友承诺保守你的秘密，但还是辜负了你的信任，把你的秘密泄露出去。他（她）应该说：

A 我愿意任你发落。　B 我是一不小心顺口说出去的。

C 没能帮你保守住秘密。　D 实在是很对不起呀。

E 我发誓下次一定替你保守秘密。　F 求你原谅我吧。

G 不必道歉。　H 你认为的其他合适表达：_____

二、问题思考

问题 1：你需要在对方的道歉里得到什么，才能使你对对方的道歉感到满意？（如果书写空间不够，请答于问卷背面。）

问题 2：你认为道歉难不难？请解释你所持观点的原因？（如果书写空间不够，请答于问卷背面。）

问卷到此结束。再次感谢您的配合与支持！祝您身心愉快、诸事顺意！

致歉言语行为调查问卷 2

您好！

本次调查希望了解到当前人们如何道歉的情况，大约需要占用您 10 分钟的时间。本问卷采取匿名方式调查，保证对您所提供的信息绝对保密。

您所提供的答案不存在对错之分，请您尽量根据您的实际经历或感受回答。非常感谢您的参与！

您的基本情况：

性别：_____ 年龄：_____ 职业：_____ 文化程度：_____

籍贯：_____ 省_____ 市

一、情景问答（本题为单项选择或多项组合。如果是多项组合，请按你的表达顺序排序。）

问答示例：

情景：你在饭店吃饭时，不小心把饮料洒到邻桌一中年男子的身上。你会说：（请将选项字母按表达顺序写于此处）

A 我帮你擦干净吧。　B 我不小心弄洒的。

C 你看，饮料洒你身上了。　D 对不起啊。

E 我以后一定会小心拿饮料的。　F 请你原谅。

G 不必道歉。　H 你认为的其他合适表达：_____

答案说明：如果你选 D，则是你遇到此种情况时会说：*对不起啊。*

如果你选 DA，则是你遇到此种情况时会说：*对不起啊。我帮你擦干净吧。*

如果你选 AD，则是你遇到此种情况时会说：*我帮你擦干净吧。对不起啊。*

如果你选 CBDA，则是你遇到此种情况时会说：*你看，饮料洒你身上了。我不小心弄洒的。对不起啊。我帮你擦干净吧。*

如果你选 G，则是你遇到此种情况时觉得不需要道歉。

如果你选 H，则请写出具体的表达语句。

（其他答案不再一一列举。）

从此处起请正式作答

情景 1：坐公交车时，因为急刹车，你踩到一个小男孩儿的脚。你会说：

A 踩疼了吧？　　B 车刹得太急，没站住。

C 哎呀，踩到你脚了。　　D 对不起啊。

E 以后坐车我一定扶稳了。　　F 请你谅解。

G 不必道歉。　　H 你认为的其他合适表达：＿＿＿＿

情景 2：你的弟弟（妹妹）过生日，你忘了给他（她）祝福和礼物。你会说：

A 我要给你补一个很特别的礼物。　　B 我最近都忙晕头了。

C 哎呀，把你的生日给忘了。　　D 真是抱歉啦。

E 以后一定不会忘记你生日了。　　F 请你谅解一下呗。

G 不必道歉。　　H 你认为的其他合适表达：＿＿＿＿

情景 3：在商场里，你和男朋友（女朋友）因买一件衣服意见有分歧，你当着很多人的面数落了他（她）。事后你会说：

A 要不你打我两下或者骂我两句吧。　　B 都是我太任性了。

C 亲爱的，我不该那样说你。　　D 我现在很后悔。

E 以后不会这么任性了。　　F 原谅我吧。　　G 不必道歉。

H 你认为的其他合适表达：＿＿＿＿

情景 4：假如有一天你开车撞伤了一个警察，致使其住院手术。你会说：

A 我会负责所有医疗、营养费用的。

B 当时为了躲避对面来的一辆车。

C 我撞伤了你。　　D 非常对不起。

E 我今后开车一定小心、注意。

F 请你原谅我。　　G 不必道歉。

H 你认为的其他合适表达：＿＿＿＿

情景 5：家族聚会时，你因为有别的事儿不得不先离开。你会说：

A 大家一定尽兴啊。　　B 实在是推不开这事儿。

C 各位，有事儿先走一步啦。　　D 抱歉啊。

E 下次再聚我一定奉陪到底。　F 请各位见谅。

G 不必道歉。　H 你认为的其他合适表达：_____

情景6：你答应帮你的领导一个忙，结果因为个人能力原因没能实现。你会说：

A 晚上请您喝酒吧。　B 我真是尽力了。

C 没能帮上您的忙儿。　D 实在抱歉啊。

E 以后有机会再帮您。　F 请您多包涵。

G 不必道歉。　H 你认为的其他合适表达：_____

情景7：你跟一个性格外向的朋友借相机，结果被你弄丢了。你会说：

A 我这两天买一个同型号的还你。　B 我这一天做梦似的。

C 你看，把你相机弄丢了。　D 实在抱歉。

E 以后一定好好保管你借我的东西。　F 原谅我的粗心大意。

G 不必道歉。　H 你认为的其他合适表达：_____

情景8：你作为老师上课迟到了10分钟，你会跟学生说：

A 利用课间我给大家多讲一会儿。　B 今天路上堵车。

C 各位同学，我迟到了。　D 实在抱歉。

E 以后一定不会迟到了。　F 请大家谅解。

G 不必道歉。　H 你认为的其他合适表达：_____

情景9：你的爸爸明明知道你不愿意他看你的日记，可他还是违背你的意愿去看了。他应该说：

A 想吃什么？爸爸晚上给你买。　B 这事儿是爸爸考虑不周。

C 爸爸的做法让你难过了。　D 爸爸很抱歉。

E 以后爸爸做事儿一定认真考虑你的感受。　F 原谅爸爸吧。

G 不必道歉。　H 你认为的其他合适表达：_____

情景10：你作为老板错误地批评了员工，事后知道真相，你会说：

A 下次员工会议上我会向大家解释清楚的。　B 当时我没多考虑。

C 我错怪你了。　D 对不起啦。　E 今后我会调查清楚，再作评论。

F 请你原谅。　G 不必道歉。　H 你认为的其他合适表达：_____

情景11：尽管你承诺保守你朋友的秘密，但你还是辜负了他（她）的信任，泄露了他（她）的秘密。你会说：

A 我愿意任你发落。　B 我是一不小心顺口说出去的。

C 没能帮你保守住秘密。　D 实在是很对不起呀。
E 我发誓下次一定替你保守秘密。　F 求你原谅我吧。
G 不必道歉。　H 你认为的其他合适表达：_____

二、问题思考

问题1：促使你向别人道歉的原因什么？（如果书写空间不够，请答于问卷背面。）

问题2：请列举你无法接受的道歉。（如果书写空间不够，请答于问卷背面。）

问卷到此结束。再次感谢您的配合与支持！祝您身心愉快、诸事顺意！

参考文献

著作类：

[1] [美] 爱德华·萨丕尔：《萨丕尔论语言、文化与人格》，高一虹等译，商务印书馆2011年版。

[2] 车文博：《心理学原理》，黑龙江人民出版社1997年版。

[3] 陈原：《社会语言学》，商务印书馆2000年版。

[4] [德] 弗里德里希·温格瑞尔、[德] 汉斯-尤格·施密特：《认知语言学导论》（第二版），彭利贞、许国萍、赵薇译，复旦大学出版社2009年版。

[5] 费孝通：《乡土中国·生育制度》，北京大学出版社1998年版。

[6] 顾嘉祖：《跨文化交际：外国语言文学中的隐蔽文化》，南京师范大学出版社2000年版。

[7] 顾曰国：《顾曰国语言学海外自选集：语用学与话语分析研究》，外语教学与研究出版社2009年版。

[8] 胡剑波：《冒犯称谓语研究》，上海交通大学出版社2009年版。

[9] 何自然、陈新仁：《当代语用学》，外语教学与研究出版社2002年版。

[10] 何自然主编：《认知语用学：言语交际的认知研究》，上海外语教育出版社2006年版。

[11] 何自然、冉永平：《新编语用学概论》，北京大学出版社2009年版。

[12] 胡壮麟：《认知隐喻学》，北京大学出版社2004年版。

[13] 贾玉新：《跨文化交际学》，上海外语教育出版社1997年版。

[14] 姜望琪：《当代语用学》，北京大学出版社2003年版。

[15] 姜望琪：《语篇语言学研究》，北京大学出版社2011年版。

［16］黎运汉：《公关语言学》（修订版），暨南大学出版社 2004 年版。

［17］刘丽艳：《汉语话语标记研究》，北京语言大学出版社 2011 年版。

［18］陆丙甫：《汉语的认知心理研究——结构 范畴 方法》，商务印书馆 2010 年版。

［19］陆俭明、沈阳：《汉语和汉语研究十五讲》，北京大学出版社 2004 年版。

［20］罗常培著，胡双宝注：《语言与文化》（注释本），北京大学出版社 2009 年版。

［21］吕明臣：《话语意义的建构》，东北师范大学出版社 2005 年版。

［22］吕叔湘主编：《现代汉语八百词》（增订本），商务印书馆 1999 年版。

［23］宁基：《行为语言学》，北京师范大学出版社 2003 年版。

［24］钱冠连：《汉语文化语用学》，清华大学出版社 1997 年版。

［25］冉永平：《语用学：现象与分析》，北京大学出版社 2006 年版。

［26］冉永平、张新红：《语用学纵横》，高等教育出版社 2007 年版。

［27］孙维张：《汉语社会语言学》，贵州人民出版社 1991 年版。

［28］孙维张、吕明臣：《社会交际语言学》，吉林大学出版社 1996 年版。

［29］沈家煊：《不对称和标记论》，江西教育出版社 1999 年版。

［30］田惠刚：《中西人际称谓系统》，外语教学与研究出版社 1997 年版。

［31］王建华、周明强、盛爱萍等：《现代汉语语境研究》，浙江大学出版社 2002 年版。

［32］王希杰：《汉语修辞学》（修订本），商务印书馆 2004 年版。

［33］吴为善：《认知语言学与汉语研究》，复旦大学出版社 2011 年版。

［34］邢福义：《汉语语法学》，东北师范大学出版社 1997 年版。

［35］许俊：《汉语会话语言策略》，湖南大学出版社 2011 年版。

［36］［比利时］耶夫·维索尔伦：《语用学诠释》，钱冠连、霍永寿译，清华大学出版社 2003 年版。

［37］叶蜚声、徐通锵：《语言学纲要》（修订版），王洪君、李娟修订，北京大学出版社2010年版。

［38］云桂宾：《语言行为和语言技能》，北京广播学院出版社1998年版。

［39］张伯江、方梅：《汉语功能语法研究》，江西教育出版社1996年版。

［40］张岱年、方克立：《中国文化概论》，北京师范大学出版社2004年1月修订版。

［41］张敏：《认知语言学与汉语名词短语》，中国社会科学出版社1998年版。

［42］郑荣馨：《语言得体艺术》，书海出版社2001年版。

［43］Austin, L., *Philosophical Papers*, Oxford: Clarendon Press, 1961.

［44］Brown, P. & Levinson, S., *Politeness: Some Universals in Language Usage*, Cambridg-e: Cambridge University Press, 1987.

［45］Dan Sperber & Deirdre Wilson, *Relevance: Communication and Cognition (Second editi-on)*, Blackwell Publishers Ltd, 1995.

［46］Geoffrey N. Leech, *Principles of Pragmatics*, London: Longman, 1983.

［47］Goffman, E., *Relationsin Public*, New York: Basic Bools Inc, 1971.

［48］Holmes, J., Women, *Men and Politeness*, New York: Addison Wesley Longman Inc, 1995.

［49］J. L. Austin, *How to Do Things with Words*, Oxford: Oxford University Press, 1962.

［50］John R. Searle, *Expression and Meaning: Studies in the Theory of Speech Acts*, Oxford: Cambridge University Press, 1979.

［51］Lakoff, G. & M. Johnson, *Metaphor We Live By*, Chicago: University of Chicago Pres-s, 1980.

［52］Owen, M., *Apologies and Remedial Interchanges: A Study of Languageof Language Use in Social Interaction*, Berlin: Mouton publ ishers, 1983.

[53] Stephen C. Levinson, *Pragmatics*, Oxford: Cambridge University Press, 1983.

[54] Trosborg, J., *Interlanguage Pragmatics: Requests, Complains and Apologies*, Berlin/New York: Mouton de Gruyter, 1995.

论文类：

学位论文：

[1][韩]陈永洙：《汉语"对不起"等四种道歉词语的中韩学生运用情况及对教学的启示》，硕士学位论文，北京语言大学，2001年。

[2]樊小玲：《汉语指令言语行为研究》，博士学位论文，华东师范大学，2011年。

[3]洪静：《道歉言语行为的多维透视》，硕士学位论文，山东大学，2005年。

[4]康红霞：《关于现代汉语道歉言语行为的初步研究》，硕士学位论文，天津师范大学，2008年。

[5]唐礼勇：《中国人言语行为的社会学分析：一个语言学与社会学结合的尝试》，博士学位论文，浙江大学，2006年。

[6]周林艳：《致歉言语行为研究》，硕士学位论文，吉林大学，2008年。

[7]周筱娟：《现代汉语礼貌语言研究》，博士学位论文，武汉大学，2005年。

期刊论文：

[1]曹湘洪：《英语致歉语的交际功能和使用策略》，《新疆师范大学学报》（社会科学版）1998年第2期。

[2]崔信淑、李军：《中日道歉言语行为对比——提出创新性分析框架解读说话人的语言表达》，《东北师大学报》（哲学社会科学版）2012年第1期。

[3]范镜春：《英汉道歉用语的语用对比研究》，《齐齐哈尔大学学报》（哲学社会科学版）2005年第4期。

[4]方瑞芬、彭博：《英汉道歉策略使用的性别差异研究》，《安庆师范学院学报》（社会科学版）2011年第3期。

［5］方妍：《道歉言语行为范畴的原型效应》，《宁波教育学院学报》2011年第1期。

［6］傅蓓：《汉语道歉语的话语研究》，《语言教学与研究》2010年第6期。

［7］顾曰国：《礼貌、语用与文化》，《外语教学与研究》1992年第4期。

［8］郝晓梅：《对汉语道歉语"对不起"的语用分析》，《北京化工大学学报》（社会科学版）2005年第2期。

［9］郝晓梅：《关于汉语道歉语"对不起"的话语功能分析》，《沈阳师范大学学报》（社会科学版）2005年第3期。

［10］洪溪珧：《道歉语的跨文化研究》，《湖南医科大学学报》（社会科学版）2008年第2期。

［11］黄永红：《对言语行为"道歉"的跨文化研究》，《解放军外国语学院学报》2001年第5期。

［12］蒋景阳、胡蓉：《"道歉"的语用研究及对Meie"修复工作"的完善》，《浙江大学学报》（人文社会科学版）2005年第6期。

［13］姜占好：《中澳大学生英语道歉策略的对比研究》，《外语研究》2004年第2期。

［14］金燕：《试析语境及文化因素对道歉言语行为的影响》，《鞍山师范学院学报》2006年第1期。

［15］李娟：《简析英汉道歉语的话语模式》，《社会科学论坛》2006年第9期。

［16］李军：《道歉行为的话语模式与语用特点分析》，《语言教学与研究》2007年第1期。

［17］李莉：《中英文道歉策略差异的统计分析》，《高等函授学报》（哲学社会科学版）2001年第4期。

［18］李琳：《试论批评言语行为中的性别话语模式》，《湖南社会科学》2005年第5期。

［19］李鹏：《影响道歉言语行为礼貌性的因素》，《湖北广播电视大学学报》2011年第5期。

［20］李燕：《中美大学生道歉策略对比研究》，《医学教育探索》2006年第4期。

［21］李燕：《汉语道歉语性别对比研究》，《科技资讯》2006年第9期。

［22］李正娜、李文珠：《析汉语道歉语的使用模式》，《晋东南师范专科学校学报》2004年第3期。

［23］李志君、秦傲松：《汉英道歉策略对比研究》，《外国语言文学》2005年第2期。

［24］刘宏涛：《浅析普通话话语中的道歉》，《北京工业大学学报》（社会科学版）2005年第S1期。

［25］刘思、刘润清：《对"道歉语"的语用定量研究》，《外国语》2005年第5期。

［26］罗朝晖：《汉语"道歉"话语模式》，《暨南大学华文学院学报》2004年第1期。

［27］吕明臣：《言语中称谓视点与社交指示》，《现代交际》1994年第2期。

［28］吕明臣：《现代汉语话语指示功能分析》，《东疆学刊》1999年第3期。

［29］吕明臣：《言语的建构》，《社会科学战线》2000年第5期。

［30］吕明臣：《话语意义的性质和来源》，《汉语学习》2005年第5期。

［31］吕明臣：《时空环境和言语交际类型》，《吉林大学社会科学学报》2011年第2期。

［32］潘小燕：《汉语道歉言语行为的性别差异研究》，《西南交通大学学报》（社会科学版）2004年第1期。

［33］钱乐奕：《道歉言语行为中请求策略的使用》，《合肥工业大学学报》（社会科学版）2005年第2期。

［34］钱乐奕：《中英道歉言语行为之比较》，《合肥工业大学学报》（社会科学版）2003年第5期。

［35］钱乐奕、郑玲：《汉语道歉言语行为之分析》，《安徽广播电视大学学报》2003年第4期。

［36］阮畅、杜建鑫：《"抱歉""道歉"和"对不起"辨析》，《唐山学院学报》2009年第2期。

［37］宋晓峰：《道歉策略使用差异的跨文化研究》，《科技信息》

2009年第11期。

[38] 孙娟娟、王会刚:《道歉言语行为中的性别差异》,《科教文汇》2009年第12期。

[39] 孙利萍:《话语标记"不好意思"的历时演变及功能》,《语言与翻译》2011年第4期。

[40] 谭占海:《言语交际中的道歉策略》,《遵义师范高等专科学校学报》2001年第1期。

[41] 汪成慧:《俄汉语交际中道歉行为与道歉策略》,《绵阳师范学院学报》2004年第4期。

[42] 王海萍、项骅:《中英道歉言语行为评价之比较研究》,《外国语言文学》2009年第1期。

[43] 王力、刘欣红、王锦山:《言语行为理论中汉语道歉语的性别差异》,《赤峰学院学报》(汉文哲学社会科学版)2009年第11期。

[44] 王梅:《国外道歉语研究综述》,《北京科技大学学报》(社会科学版)2010年第2期。

[45] 吴叔尉、胡晓:《英汉语道歉行为对比分析》,《开封大学学报》2010年第4期。

[46] 肖涌:《汉英致歉策略在社会距离中的分布》,《西南交通大学学报》(社会科学版)2005年第5期。

[47] 谢亮蓉:《道歉策略跨文化研究》,《邵阳学院学报》(社会科学版)2006年第1期。

[48] 徐灿:《日汉道歉用语异同浅析》,《长江师范学院学报》2007年第6期。

[49] 易敏:《交际心态与谦敬用语——兼谈"对不起"被"不好意思"替代》,《语言文字应用》2005年第2期。

[50] 张国霞、彭永华:《汉维大学生道歉策略跨文化社会语用对比探析》,《塔里木大学学报》2007年第2期。

[51] 张国霞:《跨文化交际中道歉行为与道歉策略》,《新疆师范大学学报》(哲学社会科学版)2003年第4期。

[52] 张永莉:《汉语道歉中的语用策略》,《时代文学》2007年第4期。

[53] 张玉哲:《英汉道歉言语行为的差异研究》,《和田师范专科学

校学报》2007 年第 1 期。

　　[54] 赵弘：《汉语道歉语的性别差异研究》，《四川教育学院学报》2008 年第 10 期。

　　[55] 赵永刚：《英汉歉语言语行为的语用对比研究》，《西北农林科技大学学报》（社会科学版）2007 年第 4 期。

　　[56] 周娉娣、张君：《道歉言语行为的性别差异》，《株洲工学院学报》2002 年第 5 期。

　　[57] 邹白茹：《道歉策略对比分析与第二语言语用能力培养》，《四川外语学院学报》2007 年第 4 期。

　　[58] Janet Holmes 著，李悦娥简介：《〈女性、男性与礼貌〉简介》，《当代语言学》2001 年第 1 期。

　　[59] Fraser, B., "On apologizing", In Coulmas, F (ed.), *Conversational Routine*: *Explorations in Standardized Communication Situations and Prepatterned Speech*, The Hague: Mouton Publishers, 1981.

　　[60] Geoffrey N. Leech, "Politeness: Is there an East-West Divide?", 外国语，2005（6）.

　　[61] Holmes, J., "Apologies in NewZealand English", *Language in Society*, 1990, (19.2)

　　[62] Meier, A. J., "Passages of Politeness", *Journal of Pragma tics*, 1995, (24).

　　[63] Meier, A. J., "Apologies: What Do We Know?", *International Journal of Applied Linguistics*, 1998, (8.2).

　　[64] Olshtain, E. & Cohen, A., "Apology: a speech act set", In Wolfson, N., & Judd, E. (eds.), *Sociolinguistics and Language Acquisition*, Rowley: Newbury House, 1983.

　　[65] Olshtain, E., "Apologies across languages", In Blum-Kulka, S., House, J. & Kasper, G. (eds), *Cross-Cultural Pragmatics*: *Requests and Apologies*, Norwood: Ablex, 1989.

　　[66] Vollmer. H. J. & Olshtain, E., "The language of apologies in German", In Blum-Kulka, S., House, J. & Kasper, G. eds., *Cross-Cultural Pragmatics*: *Requests and Apologies*, Norwood: Ablex, 1989.

后　记

　　文章搁笔之时，已是凌晨 1 点 37 分，已经数不清这是第多少次在笔耕中迎接新的一天到来。此时的我，并没有论文写作之初对此刻预期的如释重负，而是百感交集，思绪万千。

　　首先是感激。感激导师吕明臣先生四年来的谆谆教导。四年的"博龄"有近三年是在吉林大学、在导师身边度过的，聆听了导师在学校讲授的所有课程；论文写作期间，更是多次与导师交流，"剥削"导师的智慧，论文从选题、查找资料、主体框架、观点创新、修改到最终定稿无不凝聚着导师的大量心血和汗水。四年来在导师的指导下，我提升了教学能力，也提升了科研能力，相信这些都会让我在日后生活、工作、学习中受益匪浅的。同时，感激家人的默默支持与鼓励。我忙于学业时，宝贝"儿子"突然长到两岁半了，这期间他缺失了不少"父爱"；妻子在这段时间对家庭生活、对孩子的养育担当很多；岳父母帮忙操持家务，照顾孩子，付出很多；我那尚未走出"丧妻之痛"的老父亲也时常跟我讲"要多看书，多向老师请教，好好写论文，争取按时毕业"。

　　其次是感谢。感谢吉林大学给了一次培养我的机会。感谢吉林大学柳英绿教授、王光全教授、刘富华教授、岳辉教授在课堂上知识的传授，特别感谢柳英绿教授"酒桌"上诸多问题的启发。感谢沈阳师范大学给我提供深造的机会。感谢沈师大文学院给我创造诸多学习的方便条件。感谢文学院赵慧平教授、于全有教授等众多师长与同事的鞭策与鼓励。感谢同师门的张玥老师，与她多次讨论论文观点，颇有启发。感谢同窗颜力涛老师，在论文写作过程中，对我多次关心，分享重要信息给我并帮我组织学生完成问卷调查。感谢好友李辉老师、陈雪平老师，在他们各自的学校帮我组织学生完成问卷调查。感谢好友程璐璐老师，多次帮助我翻译文献。感谢我的学生徐盈、姚荣露、彭博、高千蕊、李洋等，他们分别在语料收集、资料整理、论文打印等方面协助我做了大量辅助工作。感谢所有帮助我搜集语例、作问卷调查的学生。

再次是感慨。博士学习的四年，可谓是我人生中的重大转折期。四年里经历颇多，感触颇多，收获不少；也付出不少。除了学习经历，还经历了人生中首次面对的几次重大事件：直面"生""死"。2011年10月13日，我可爱的儿子出生，我多了一个"父亲"的身份；2013年4月7日，我挚爱的母亲遭遇汽车肇事，离我们而去。这一"生"一"死"及其引发的一系列衍生事情，对我的情感历练很深，使我这几年的"心理"成长极快。

最后是感念。最近刚刚过了我母亲的周年纪念，这一年多的时间，经常怀念起我的母亲，想起她的音容，想起她的笑貌，想起她朴实的衣着，想起她勤俭持家的操劳……可以说母亲从未离开过我的脑海，时刻陪伴在我的论文写作过程中。记得从小学到高中，我每次考试第一，妈妈都会很开心地笑，很满意地夸奖我；记得我考上大学，大学里做了学生会干部，大学里入了党，大学毕业后留校工作，妈妈都会很开心地笑，很满意地夸奖我；记得我考取了硕士研究生、硕士毕业、考取博士研究生，妈妈也都很开心地笑，很满意地夸奖我——这次我即将博士毕业，我想妈妈也一定会很开心地笑，很满意地夸奖我。可是，我再也看不到了，再也听不到了……

谨以此拙文献给为我操劳一生，没能让我充分尽孝的平凡而伟大的母亲、父亲！